L'ART et le BEAU

# Félicien Rops

Numéro spécial I

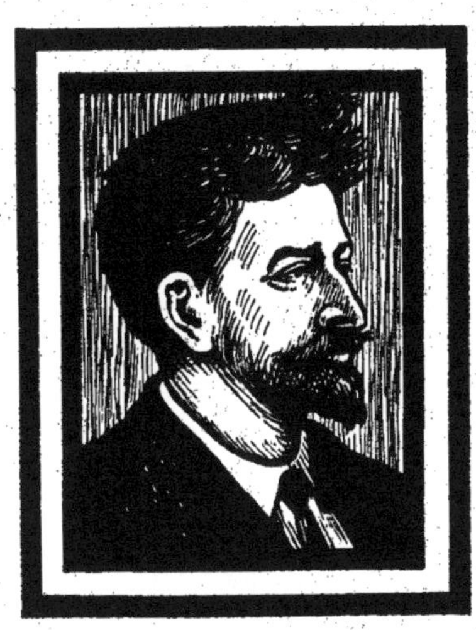

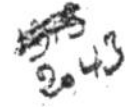



LIBRAIRIE ARTISTIQUE INTERNATIONALE · 65 RUE DU BAC PARIS ~ PRIX NET FRANCS 7,50

# FÉLICIEN ROPS

# FÉLICIEN ROPS
## PAR GUSTAVE KAHN

18 DESSINS SUR PAPIER MAT DE GRAND LUXE, 28 ILLUSTRATIONS TEINTÉES ET TROIS PLANCHES EN QUATRE COULEURS

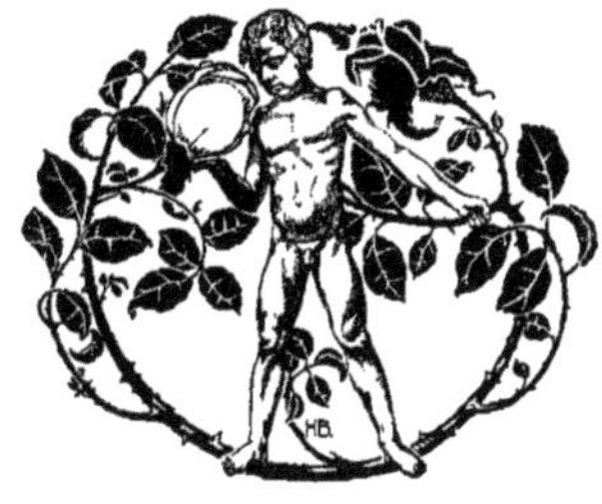

LIBRAIRIE ARTISTIQUE INTERNATIONALE
PARIS 65, RUE DU BAC

IMPRIMERIE DE LA LIBRAIRIE
ARTISTIQUE INTERNATIONALE, PARIS

L'IMPRIMEUR-GÉRANT: G. COUSTAL

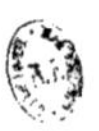

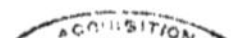

# FÉLICIEN ROPS
# PAR GUSTAVE KAHN

18 DESSINS SUR PAPIER MAT DE GRAND LUXE, 28 ILLUSTRATIONS TEINTÉES, 1 GRAVURE ET TROIS PLANCHES EN QUATRE COULEURS

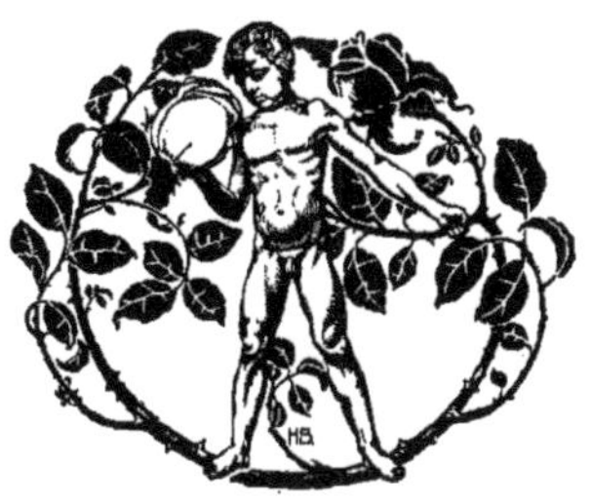

LIBRAIRIE INTERNATIONALE, PARIS
65, RUE DU BAC

LA COUVERTURE DE CET OUVRAGE EST DE WILLY BELLING; LA MARQUE DES ÉDITEURS, EN FRONTISPICE, DE HANS BASTANIER. LES DEUX CENTS PREMIERS EXEMPLAIRES SONT IMPRIMÉS SUR PAPIER À LA CUVE, LES ILLUSTRATIONS, SUR PAPIER MAT DE GRAND LUXE. CES EXEMPLAIRES SONT RELIÉS EN VRAI PARCHEMIN ET REVÊTUS DE LA SIGNATURE AUTOGRAPHE DE L'ARTISTE



IMPRIMERIE DE LA LIBRAIRIE ARTISTIQUE ET LITTÉRAIRE, PARIS

L'IMPRIMEUR-GÉRANT: G. COUSTAL

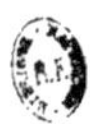

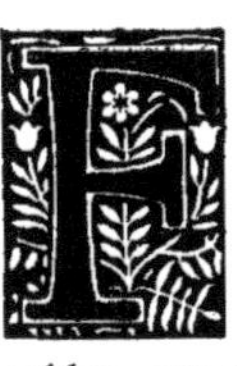

ÉLICIEN ROPS! A ce nom, c'est dans la mémoire toute une nuée d'images qui se lève et qui bourdonne comme un essaim d'abeilles; c'est, hors la poussière de la mémoire, comme une fuligineuse colonne qui se dresse, s'approche, se tord, accourt avec des vitesses de trombe et jette sous le regard du souvenir des grappes d'êtres aux formes nobles, aux yeux fixes, et des cortèges violents, comme ceux des damnés de l'enfer du Dante, plus douloureux, plus tragiques, plus lamentables encore, puisqu'ils descendent sous le vent furieux du désir, sous le fouet de la passion charnelle, toute la spirale sans fond de la lassitude humaine. On entend des râles et des rauquements, et des halètements et des murmures, des rumeurs d'orage et des cris de bêtes en folie. On entend aussi des rires et des tintinnabulements de clochettes, car sur le passage des grands protagonistes de son drame multiple, Rops a disposé ses fous; les grelots de leurs bonnets et de leurs marottes s'éveillent au moindre rire qui secoue la panse et agite les carillons sans fin de ces bouffons. Quand on discerne mieux, et que le tourbillon des formes que l'artiste a suscitées de son impulsion s'apaise, le paysage que Rops vous a laissé dans l'esprit, qui s'y crée d'une synthèse de son œuvre, apparaît, enfermant des villes aux rues populeuses, des beffrois, dans lesquels le diable s'agite, et à côté, dans la banlieue maudite de ces cités de débauche, ce sont des coins sinistres et désolés. Cette forme blafarde, c'est l'échafaud sur les montants duquel une femme exaspérée ulule et pleure ses morts; cette autre, c'est un sphinx de basalte noir aux yeux de feu, au flanc duquel se tord une femme qui lui demande vainement son secret. Un frôlement vous épouvante et des ombres puissantes passent à votre droite et à votre gauche, souples, silencieuses, rapides comme de grands vols d'oiseaux de nuit; se sont des monstres qui tombent à côté de vous. Satan, en traversant le fleuve d'une enjambée, les lance dans l'espace parmi les toits de la ville; ils y trouveront bon accueil; si la nuit n'était si profonde, ou si l'œil humain pouvait concevoir l'irréel, vous le verriez, lui-même, Satan et ses jambes maigres et ses lourds sabots, ses longs bras décharnés, ses yeux de feu sous son large chapeau noir; mais si vous le voyiez, vous croiriez que c'est une image de votre rêve, une ébauche de votre spleen, comme vous attribueriez à votre mémoire le flamboi de ces vitraux d'un laboratoire de savant. Pourtant s'ils s'empourprent, et si à leur rougoiement succède une pâleur comme sulfureuse, c'est que du grand miroir placé en face du vieil et calme incantateur, vient de surgir, ardente et pâle sous le hennin, détachant son manteau qui se dentelle comme les ailes membraneuses de la chauve-souris, une reine de la nuit et du passé, une admirable Ysabeau, aux yeux profonds comme ceux d'une Hérodiade et qui dresse, vivant, le charme nivéal d'un corps qui est resté superbe malgré qu'elles soient lointaines, les neiges d'antan que de son vivant, en attendant que montât vers elle l'amour des beaux cavaliers, elle regardait tomber de la verrière d'une tourelle, en un palais magnifique et décrié. Si ces diableries vous étonnent et que vous refusant à regarder vers ce ciel de mauvaises féeries l'air lourd et noir de la cité se remplir de chimères, vous tenez les yeux obstinément fixés vers la terre, les reflets des trottoirs polis vous paraissent luisants d'une pareille lumière, bizarre, à la fois crue et sourde. Et si vous voulez voir d'où tombe cette lumière, vous verrez que des milliers de lampes éclairent de sombres corridors, où grimacent des masques pâles; et le pas automatique des promeneuses des ryddecks, leurs yeux vagues dans le masque blafard, le rire muet des lèvres trop rouges, le sourire maniaque, les yeux trop luisants au regard mort, les démarches onduleuses et sèches à la fois, comme de mannequins qui seraient gracieux, et les bruits de musiques enfantines et barbares, les gros chants sentimentaux vous rendront plus âcres les paroles violentes, qui comme des oiseaux noirs, volètent lourdement, croassent et se cognent aux murs, bruyamment, au fond de ce cloaque, le pourrissoir de la cité. Vous fuyez et non sans avoir heurté le calvaire emblématoire où une femme est crucifiée, que tient vivante la force du désir, vous vous trouverez au bout d'une allée silencieuse, sur une vaste échappée d'air, parc, place ombreuse, bois sacré et vous verrez la statue d'un merveilleux androgyne dont les doigts errent sur les cordes d'une grande lyre; et les cordes de cette lyre semblent monter jusqu'au ciel. Cette admirable

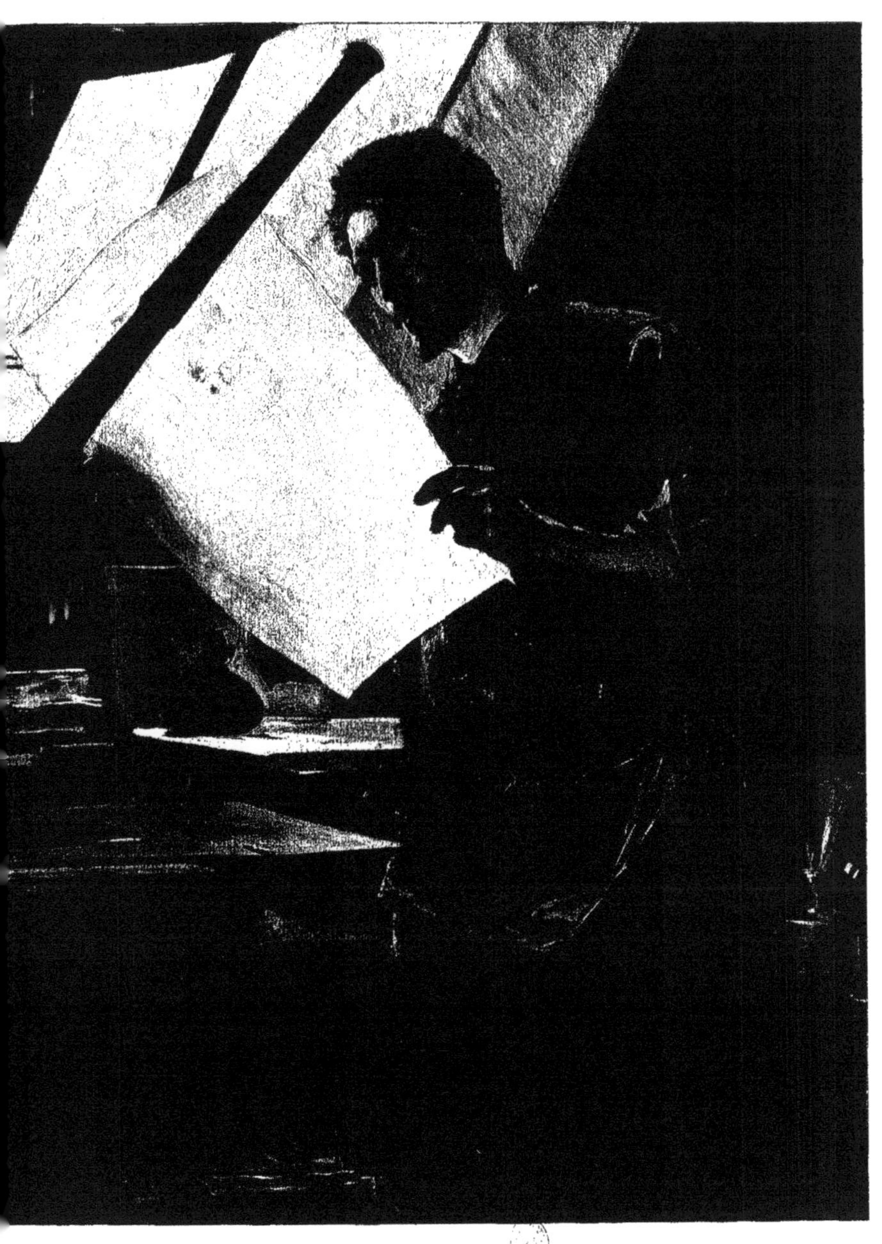

PORTRAIT DE FELICIEN ROPS

LE ROMAN D'UNE NUIT
DER ROMAN EINER NACHT
ROMANTIC ADVENTURE OF ONE NIGHT

ERITIS SIMILES DEO!

personnification de la poésie, est-ce donc la divinité de cet endroit tumultueux? est-ce cette forme que vénèrent ces buveuses d'absinthe, appuyées contre la porte de ce bal public, les yeux cernés, l'air minable, la bouche hébétée, dans un pauvre costume qui semble de l'oripeau de carnaval, tant la monomane qui le porte est absente du lieu et de l'heure? Détrompez-vous! Voici le cortège de Pornocratés qui vient. Incarnant la beauté et la force de la bestialité, souriante, sereine, les yeux bandés comme la fortune, la déesse passe; elle suit tranquille le cochon qui la guide et qu'elle tient mollement en laisse. Elle est nue, sauf des bas bien tirés, des gants bien ajustés, une ceinture légère, un collier, et des tulles frissonnants à son chapeau. Elle est la déesse et la personnification de la luxure, et c'est elle qu'on vénère dans la cité. La forme blanche qui tient la grande lyre, seuls la discernent et l'entendent les *poètes pieux ennemis du sommeil,* ennemis aussi de la *bêtise au front de taureau* qu'a chantés cet ami de Rops, qui fut un peu son maître, Charles Baudelaire.

Cette cité de cauchemars et de luxure cache dans ses faubourgs d'autres statues, et des monuments adressés à d'autres divinités. Voyez ce dessin: la *Pudeur de Sodome.* La Muse de Rops, cette robuste figure, dont il orne la nudité de ceintures et de bracelets, à qui il jette si bizarrement, au-dessous des reins, le masque de velours de l'hypocrisie, écarte les voiles d'un singulier sanctuaire. Devant un horizon de tours phalliques, de sphinx énigmatiques et mitrés à l'équivoque beauté, la statue de Joseph Prudhomme se dresse, épaisse, mammaire; comme la statue de la Vénus de Milo, elle est sans bras; un tiare bizarre, un gorgerin d'un goût égyptien sertissent cette face lourde, aux lignes impérieuses quoique fléchissantes, aux yeux fixes sous les lunettes bonasses. La poitrine trop gonflée se continue en un corps gras et lourd qui s'achève en pattes de faune. Qu'y-a-t-il parmi ces hautes tours, parmi ces allées de sphinx, sinon la route du palais d'hypocrisie? Ailleurs, c'est l'acceptation plus tranquille de l'amour et de la vie. Les amants de la *Messe de Gnide* s'avancent fiers de la beauté de leur corps, manifeste parmi les bandelettes légères et les voiles transparents qui sont leurs uniques, seuls vêtements, vers l'autel de la Vénus Païenne;

des enfants de chœur les suivent, joviaux et joyeux, gourmands, espiègles, curieux comme de petits clercs émancipés. L'homme couronné de fleurs, présente d'un geste grave l'Eve de son désir à la déesse étendue sur un grand lit triomphal, sculpté de colombes. La déesse est indolente, elle ressemble un peu à cette beauté qu'a forgée dans son rêve Baudelaire. Elle hait le mouvement qui déplace les lignes, mais elle n'a point aux regards les grands éclats qu'y voulait voir le poète. Elle garde ses yeux clos, et sa main tient d'un geste coquet la branche fleurie qui est son sceptre. La tranquillité des allures est ici libertine mais point luxurieuse.

Dans la cité de Rops, il y a les bouges et les boudoirs, et voisinent tous les autels.

Il est bien peu d'artistes à propos de qui, en établissant les filiations et les points de contact avec les prédécesseurs, il faille inscrire d'abord un nom de poète, et ici, non seulement l'occasion est bonne, mais la vérité l'impose. Alors que Rops, jeune et inconnu, rencontra Charles Baudelaire, celui-ci avait déjà publié les *Fleurs du Mal;* les longues conversations que le poète et le peintre graveur eurent ensemble, à Bruxelles, alors que le poète s'y exaspérait de ses ennuis et de son inaction forcée, alors que s'exacerbant de la vie si lourde et si difficile il causait plus à cœur ouvert et à avec moins de personnes que dans sa vie de Paris, ces entretiens furent pour Rops, pris en affection par Baudelaire, une série d'horizons brusquement dévoilés. Les dialogues devant les pintes d'étain, dans cette taverne, noire et enfumée à l'enseigne du *Prince de Galles,* où fréquentait Baudelaire, rendirent sans doute, au jeune artiste à qui Poulet-Malassis commandait quelques vignettes grivoises, le service de la mise en contact avec un génie pareil au sien et déjà tout développé. Sans doute, le terrain était merveilleusement préparé. Rops, très lettré, bon humaniste, élève des jésuites, farci d'une certaine érudition, curieux des littératures dites de décadence, était tout apte à comprendre le *Fransiscae meae laudes* de Baudelaire, comme son tour d'esprit ironique et voluptueux le mettait de plein pied avec les pièces des Epaves; il était très capable d'en dégager tout de suite le rayon de tristesse. Mais eût-il cherché

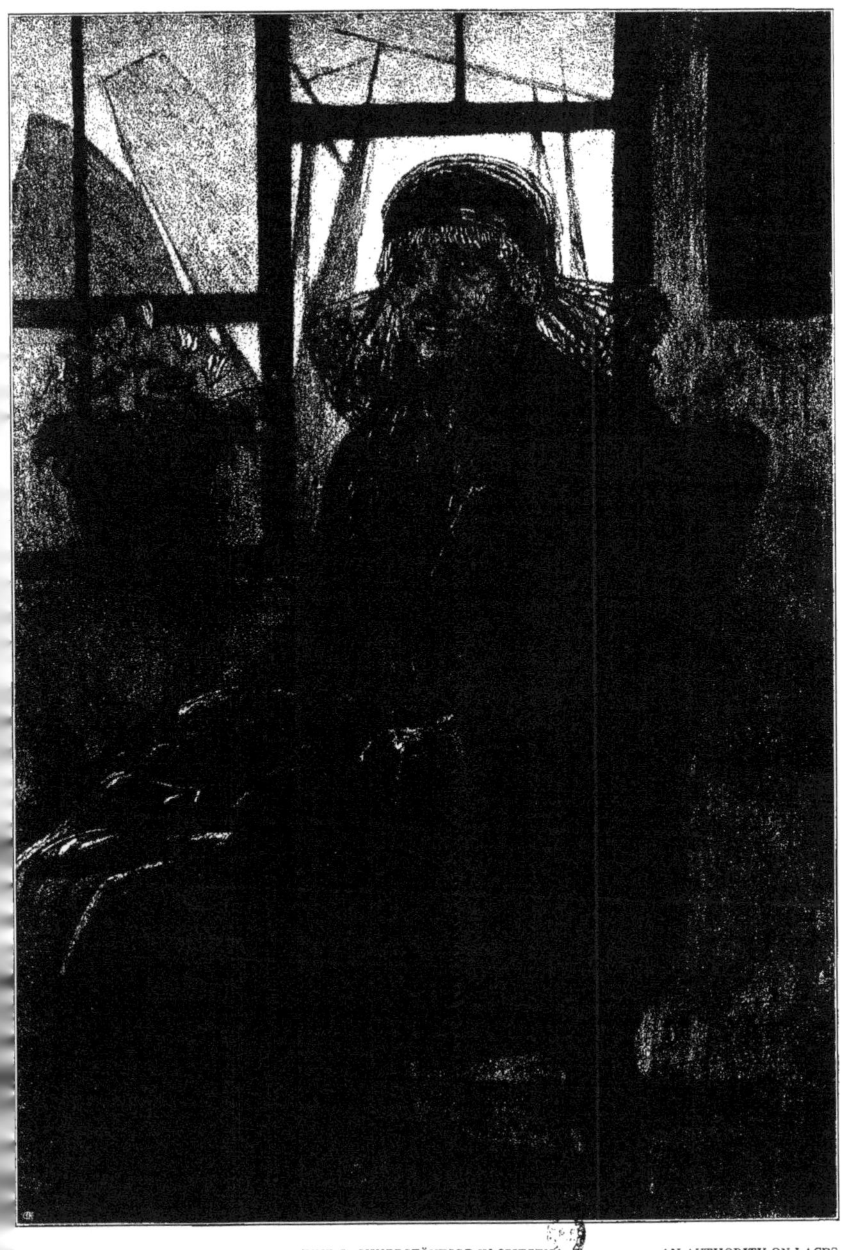

L'EXPERTE EN DENTELLES — EINE SACHVERSTÄNDIGE IN SPITZEN — AN AUTHORITY ON LACES

LE VOL ET LA PROSTITUTION DOMINANT LE MONDE — DIEBSTAHL UND PROSTITUTION BEHERRSCHEN DIE WELT — ROBBERY AND PROSTITUTION RULE OVER THE WORLD

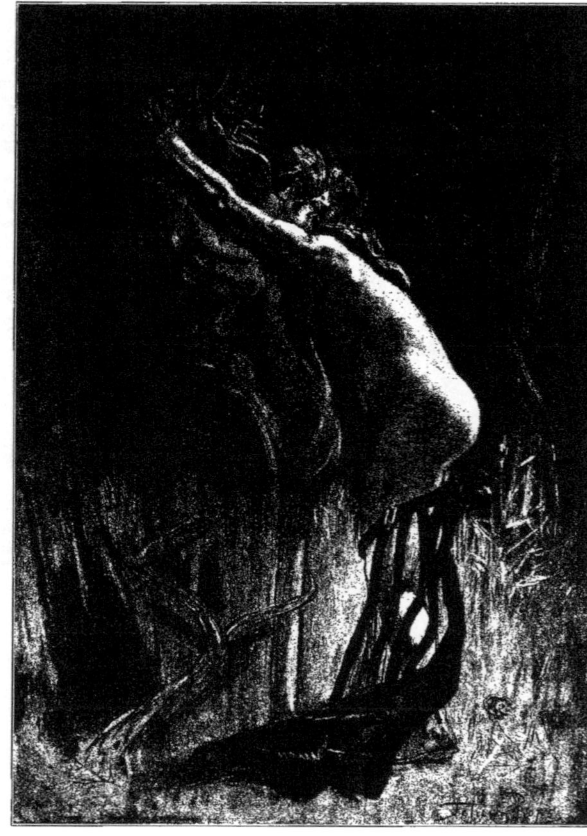

HOMMAGE A PAN — HULDIGUNG FÜR PAN — HOMAGE TO PAN

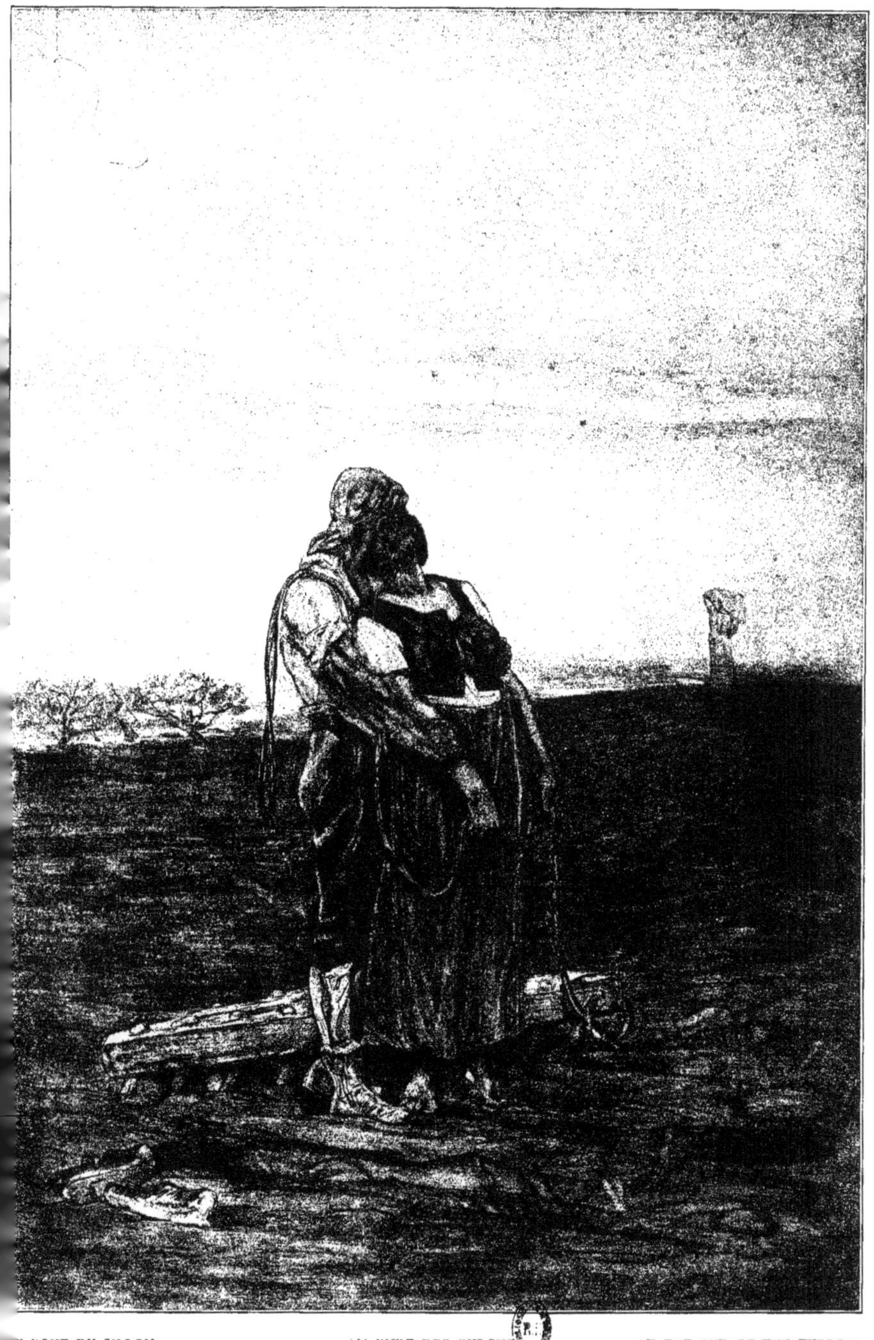

E BOUT DU SILLON — AM ENDE DER FURCHE — AT THE END OF THE FURROW

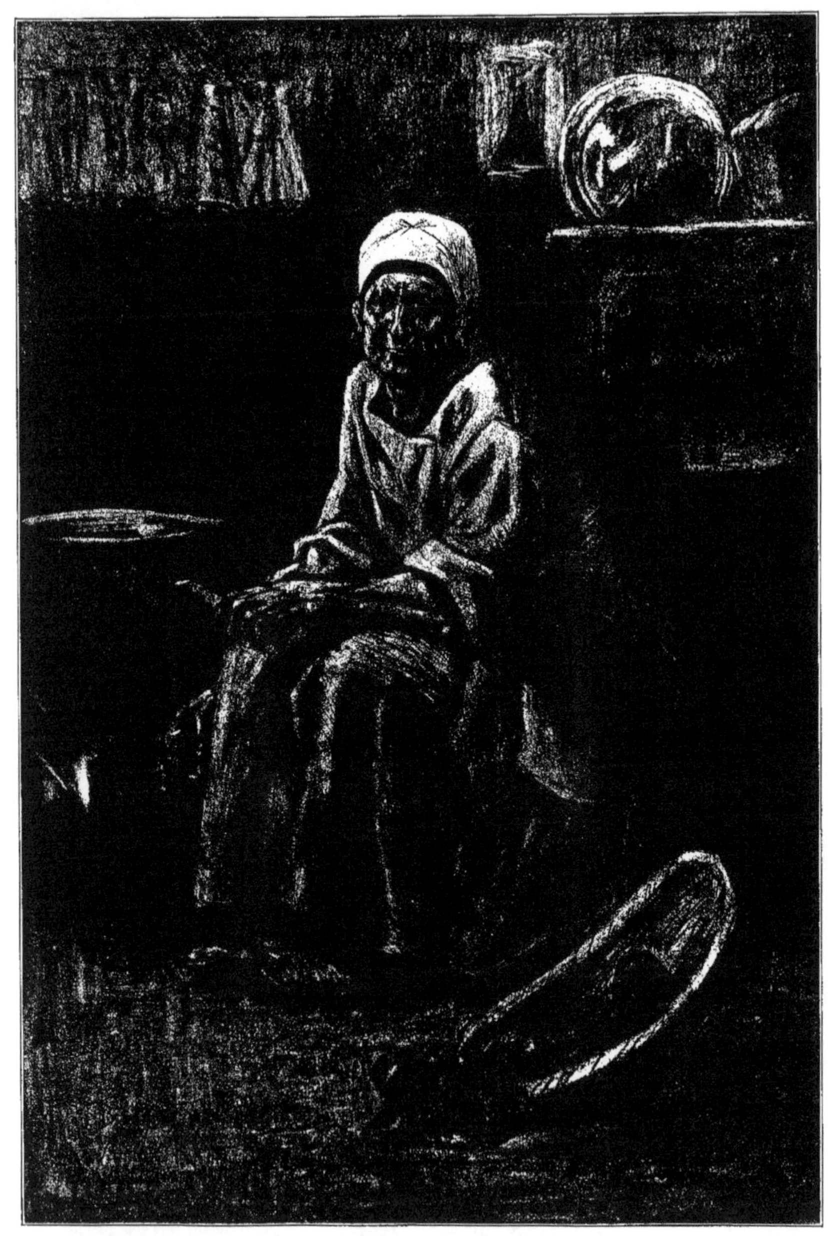

LA VIEILLE KATE — DIE ALTE KATE — OLD KATE

à arracher du rêve et de la douleur à ces excessives Kermesses des sens, se fût-il magnifié jusqu'au grandiose, le souvenir et la vision de ces ripailles dont les vieux maîtres flamands lui laissaient le beau fantôme, et dont il avait pu suivre les vivantes gaietés, si Baudelaire ne lui avait dessillé les yeux selon son regard? Au moins y eût-il été aussi vite prêt, ce romantique, qui auparavant n'est pas peu fier de quelque semblant d'origine hongroise, et tout en riant quelque peu avec Grécourt, est tout prêt à caracoler, à piaffer vers la fantaisie légère selon Gavarni et vers la causticité d'un Monnier qu'il rendrait plus lyrique. En tous cas, lorsqu'il rencontra Baudelaire, celui-ci dut lui parler de Poe, de l'*Homme des Foules,* et aussi de sa forte et personnelle conception du monde, telle que la donnent les *Fleurs du Mal* et aussi de Constantin Guys, dont il dut lui montrer les précieux dessins.

C'était un laborieux et un fécond; cette expression autrefois trouvée pour Alexandre Dumas père «c'est une force de la nature» s'applique bien à Rops, mieux même à lui qu'à d'autres, car l'énorme labeur de Rops, en même temps qu'ardent, est méticuleux, et toujours il est parfait. Parmi l'essor prodigue d'une fantaisie qui multiplie les lithographies, les eaux-fortes, les pointes sèches, tous ces travaux difficiles et minutieux avec le nombre, le faste et l'aisance dont un autre accumulerait les croquis, Félicien Rops trouve le temps de perfectionner le métier du graveur, de se livrer à des recherches patientes sur les vernis; comme les primitifs broyaient les couleurs et se préparaient les matériaux de leur peinture, Félicien Rops prépare les ingrédients de sa gravure. Debout à côté de sa presse, auprès de sa lucarne, tel que le représente le portrait de Mathey, il demeurait des heures de longue séance.

M. Erastène Ramiro dans le beau livre qu'il a consacré à Félicien Rops a donné les renseignements les plus curieux sur le travail technique de Rops.

«Il était rare, dit-il, qu'une conversation avec Rops, même brève, n'amenât point sur ses lèvres, le mot «vernis mou» vocable inintelligible pour le plus grand nombre, plein de mystère pour ceux qui essaient d'en extraire un sens pratique! Non qu'il s'agisse d'une invention nouvelle, puisque dès le commencement du XVIIe siècle, Abraham Bosse écrivait un traité de la gravure enseignant à se servir de tous vernis durs et mols . . . mais si la théorie est enfantine, la pratique est infiniment délicate.»

Avec Courboin, avec Rassenfosse, Rops a sans cesse pioché la formule du «vernis mou», jusqu'à ce qu'il ait trouvé de concert avec Rassenfosse un produit qui l'ait satisfait, et qu'il puisse écrire:

«Il faut voir, je le dis sans fausse modestaillerie, quels vernis mous on faisait avant moi! Franchement, j'ai créé un art charmant qui n'existait pas . . .

«C'est que, ne fait pas qui veut du vernis mou! Nous en savons quelque chose. Mais nous allons arriver à en faire comme l'on dessine sur le papier. C'est là le vrai but. Nous deviendrons des maîtres en l'art d'engraver en imitation de crayon».

Il fut grand travailleur, et on conçoit que cet acharnement à accumuler les minutes au profit de l'art, se rencontrant chez un artiste doué de toutes les fécondes ressources de l'improvisateur, et à qui de fortes études permettaient d'aller vite, ait amassé une œuvre très considérable. Est-ce à croire qu'il n'ait connu que les heures où le crayon va comme tout seul, sous la flambée d'une inspiration du moment, les minutes d'exubérance et de magnifique plénitude créatrice? Il écrira: «Pour faire qui vaille, si peu que cela soit, il faut que je m'enferme avec le modèle, que je sois seul avec mes défaillances, mes peurs de cette sacrée cochonne de nature, qui me flanque le trac, comme si j'étais un débutant. Et celà à chaque séance. Quand ma poseuse me fait dire qu'elle ne peut venir, je pousse un ah! de soulagement. Si vous saviez comment je travaille péniblement, c'est à me prendre en pitié.» Ceci fut sans doute écrit à une période d'hésitation où le travail lui était pénible, où il se violentait à tirer de lui son rêve de luxure moderne, à créer les symboles et les visions lyriques, les grandes pages littéraires de son œuvre; il avait aussi des moments de claire fécondité et de travail, pour ainsi dire, uni, auprès de la mer du Nord, alors qu'il se reposait de sa transcription de la vie des grandes villes par ses calmes études de Zélandaises, de dentellières, alors qu'il donnait

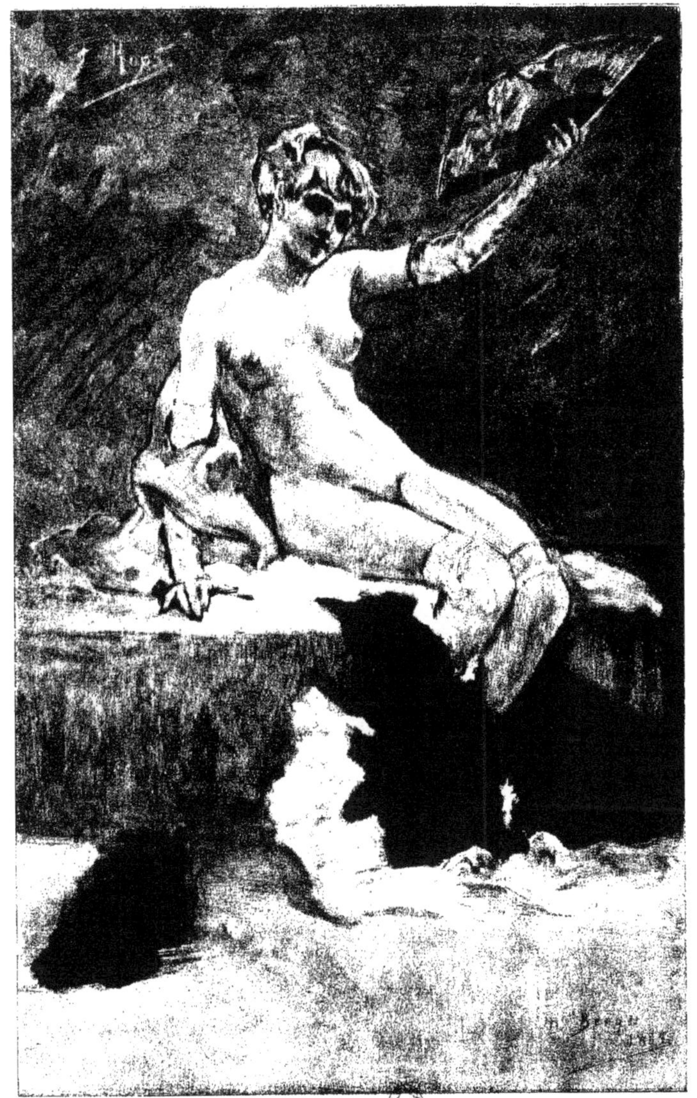

CANICULE HUNDSTAGE DOG-DAYS

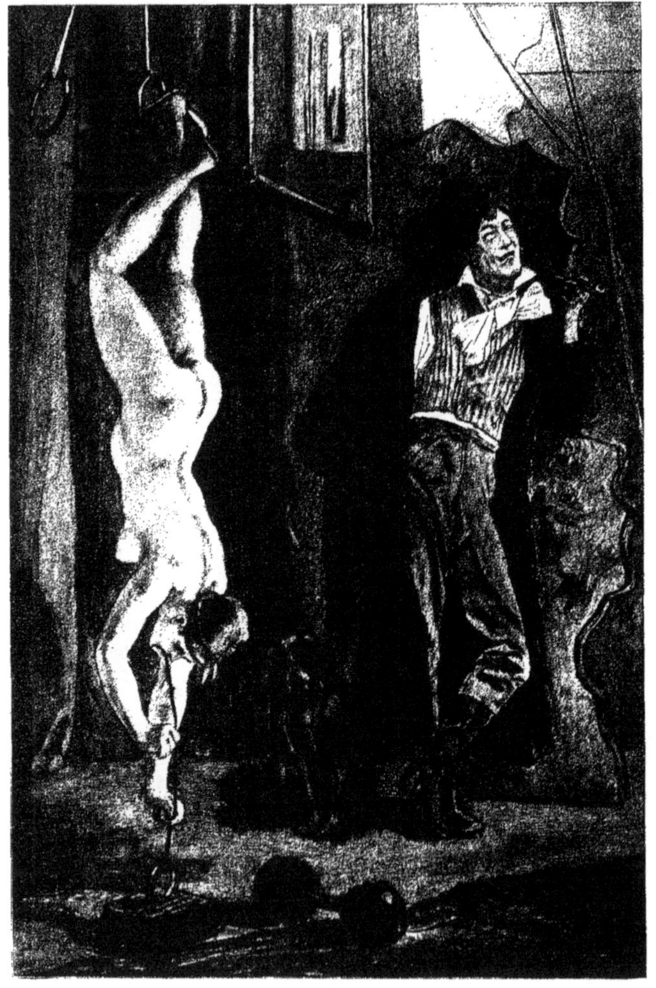

LA REPETITION DIE PROBE REHEARSAL

cette aquarelle, si apaisée, si coquette, du *Scandale à la plage*, où passe tant de fraîcheur, où à travers la vitre on voit comme la transparence de l'air du large; mais encore qu'il ait aimé passionnément ces trèves, il préférait encore se colleter avec la vérité complexe de la grande ville et, comme il le disait, «peindre des scènes et des types de ce XIXe siècle, que je trouve très curieux et très intéressant.» Il ajoutait «les femmes y sont aussi belles qu'à n'importe quelle époque et les hommes sont toujours les mêmes. De plus, l'amour des jouissances brutales, les préoccupations d'argent, les intérêts mesquins ont collé sur la plupart des faces de nos contemporains, un masque sinistre où «l'instinct de la perversité,» dont parle Edgar Poe, se lit en lettres majuscules — tout cela me semble assez amusant et assez caractérisé, pour que les artistes tâchent de rendre la physionomie de leur temps.» Ailleurs il dira que pour lui, une heure passée sur le boulevard, c'est un bain de flamme. En faisant la part de ce que peut contenir de pittoresque le langage d'un peintre lettré, qui sait écrire, et rend plus saillante par la précision du style la vivacité d'une image que sa faculté pittoresque lui a donnée, très en relief, il est certain que pour rendre ainsi qu'il l'a transcrite, la vie des grandes villes, il fallait la ressentir bien fortement et que les nerfs de tout le monde n'y résisteraient pas aussi bien.

Il apparaissait, dans sa haute taille, très élancé, très nerveux comme un être de volonté et de décision; le regard était très clair, dans un masque noble, aux lignes mobiles; le teint, très basané, accentuait la clarté du regard. Il resta longtemps, d'ailleurs, très jeune et à soixante ans, il en paraissait à peine quarante. Puis la maladie vint qui le tassa brusquement et triompha d'une des plus fortes organisations d'artiste qu'il y ait eu.

La vie d'un peintre, c'est son œuvre; la biographie de Félicien Rops tient toute entière dans l'histoire de son labeur. Les grandes dates en sont ses travaux, la trouvaille de quelque procédé, avec Rassenfosse, avec Tuelemans, le passage d'une influence, la création d'une œuvre. L'histoire de Rops, pour la postérité, c'est la rencontre avec Baudelaire, c'est la découverte par Rops dans Paris, de *son Paris,* ce sont les progrès de son individualité, le dégagement toujours plus net de son art en formules, et puisque sans avoir écrit beaucoup, il savait écrire, empruntons-lui les caractéristiques des formules de sa recherche. Il avait dit: «Ne faites pas un croquis sans y apporter le même désir de bien faire que si vous vouliez peindre un tableau d'histoire.» Il fera sienne une formule de Millet: «Il faut pouvoir faire servir le trivial à l'expression du sublime.» C'est là la vraie force. Il conclura, vers la fin de sa carrière par cette note brève: «La qualité maîtresse? l'intensité.» Erastène Ramiro qui l'a vu travailler, dit que chez lui, l'incubation était lente, qu'un minutieux travail de déblaiement s'opérait en lui sous la forme méditative, qu'il ne se décidait à dessiner que déjà maître de son sujet.» Il nous dit aussi qu'il a détruit «bien des essais qui lui semblaient imparfaits et qui nous paraîtraient, s'il les avait laissés nous parvenir, très précieux.»

Rops travailla rageusement, avec acharnement, jusqu'à ce que la maladie l'atteignît, et ce contact de la maladie, il le décrit lui-même avec une singulière éloquence.

«Je suis, non pas malade, mais atteint! Ah! ce cœur a bien le droit d'être malade. Depuis soixante ans, il tressaille à toutes les émotions comme une harpe éolienne, et ce qui le tue, c'est que ce n'est pas fini. Et la moindre fillette qui se silhouette à l'horizon le remet en état de souffrance, et comme les Christs du moyen âge, dont les plaies redevenaient saignantes quand les embrassaient les vierges, le ressouvenir de l'effleurement des jeunes baisers, me ramène au cœur tous les beaux battements des nuit bénies et les doux étouffements des extases anciennes. Je mourrai cardiaque et impénitent.»

Plus malade encore, à peu près forcé de renoncer au travail, il demande dix ans encore; vivre dix ans encore! «Il me faut dix ans pour mettre en lumière les belles imaginations que je vois danser dans ma cervelle!» Et peu après, il commençait lentement à s'éteindre; la maladie mit plusieurs années à triompher de cette organisation de fer et de nerfs.

Si variée, si diverse que soit l'œuvre d'un artiste, malgré l'apparent éparpillement de sa curiosité, il obéit à quelques idées directrices dont

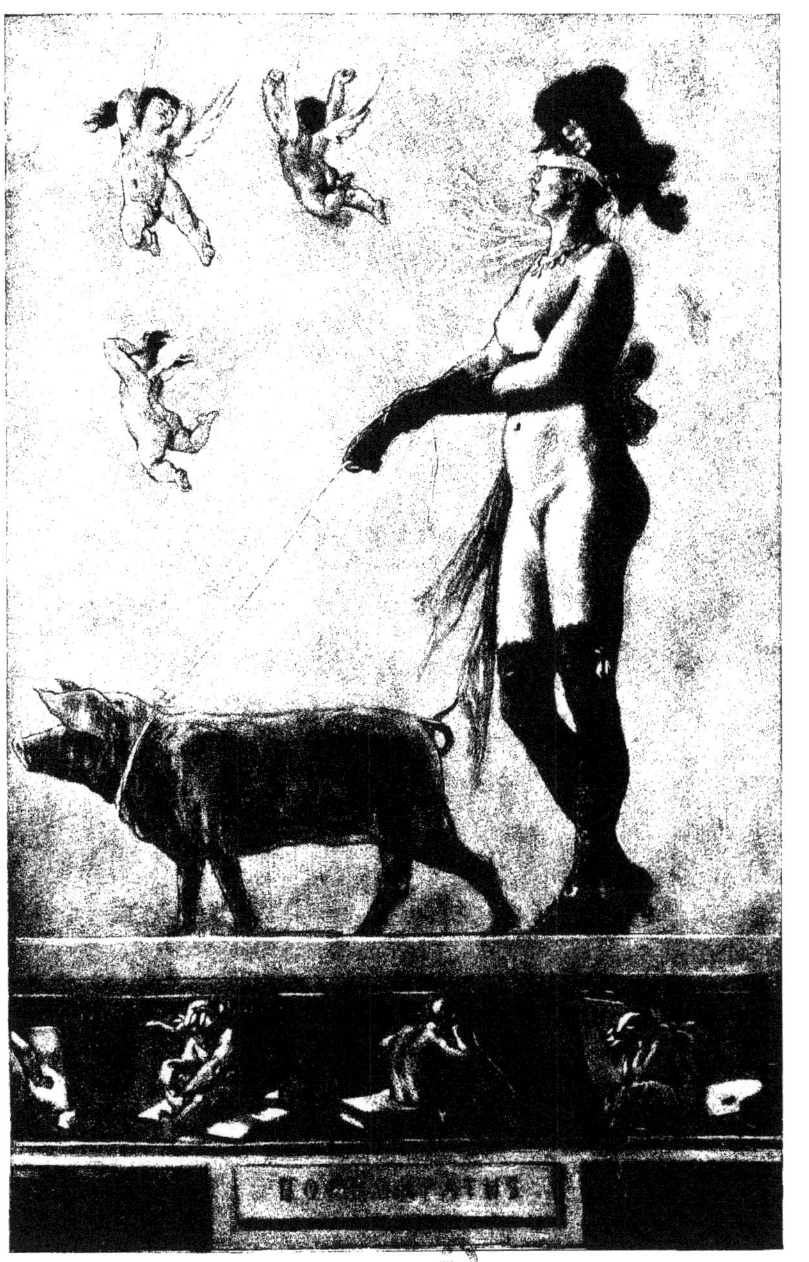

PORNOKRATES

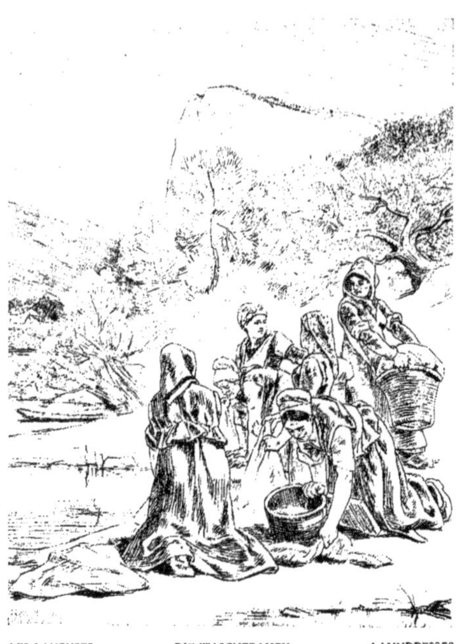

LES LAVEUSES — DIE WASCHFRAUEN — LAUNDRESSES

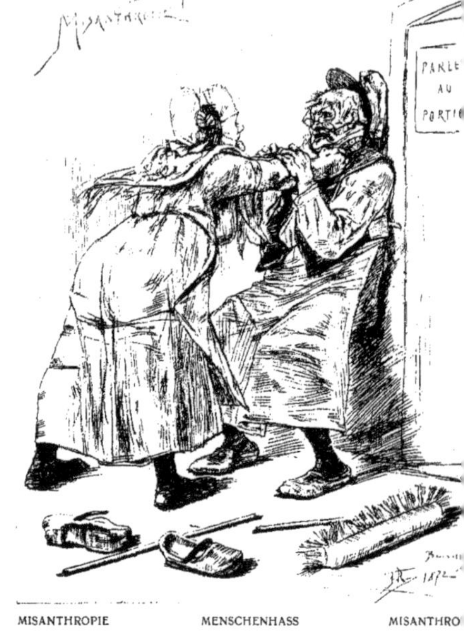

MISANTHROPIE — MENSCHENHASS — MISANTHRO

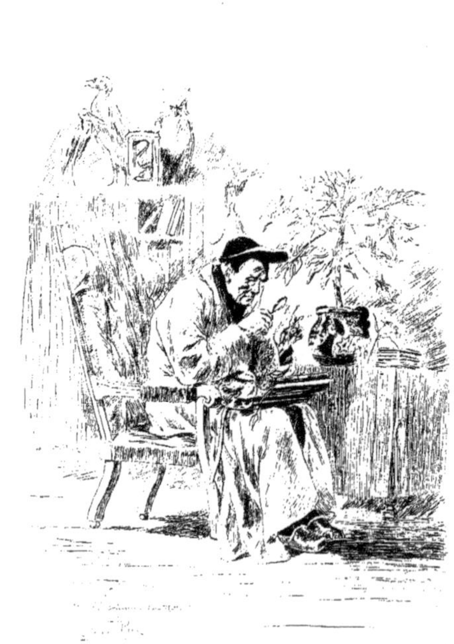

BOTANISTE — BOTANIKER — BOTANIST

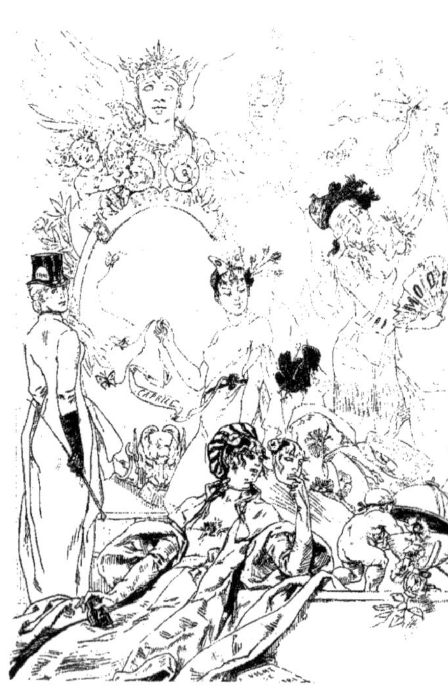

LA VIE ÉLÉGANTE — DAS ELEGANTE LEBEN — ELEGANT LI

les effets divisent, pour ainsi dire, son œuvre en séries; pour quelques peintres, et non des moindres, il faut fonder l'établissement de ces catégories sur la différence qui existe entre les pages fondamentales qu'ils donnèrent, entre celles qui portent fortement l'empreinte de leur volonté d'art et les besognes auxquelles ils consentirent, travaux où leur habileté de main eut plus de part que leur cérébralité. Avec Rops, rien de pareil. Une large indépendance de fortune lui permettait de ne faire que ce qu'il voulait; même lorsqu'il donne à un libraire la jolie étiquette d'art d'un frontispice pour quelque bouquin leste et peu littéraire il n'en est point, esthétiquement, absent; ce sont ses amusettes. La valeur du livre n'entre pas en ligne de compte dans la composition de son dessin; de même que le comédien chargé d'un rôle dans une pièce médiocre ou mauvaise écarte le détail de la conception de l'auteur dramatique, pour donner son attention au fait humain qu'elle met en scène, Rops sait fort bien découvrir le fond du livre dont il dessine l'en-tête, auquel sa vignette va donner droit d'existence dans l'art. Aussi c'est une catégorie de son œuvre que ces frontispices qu'il grava pour la librairie Gay et Doucé, que ces *Cousines de la colonelle* ou les ambiances romanesques disparaissent pour ne laisser voir que le tréteau où un jovial mélange de licence et de pudeur attife, si peu, des déshabillages galants qu'il a voulu montrer. Les œuvres badines de Grécourt ne les précède-t-il point comme d'un projet premier de la *Dame au pantin;* cette jolie commère délurée qui soulève à bout de bras un petit faune, perruque poudrée et battant joyeusement des cymbales, n'est-ce pas le point de départ de cette *Dame au pantin* qu'il montrera, bourgeoise sérieuse, au profil pur, aux yeux curieux et savants, simplement coiffée, en toilette de bal, d'une sobre élégance, l'éventail en main, examinant d'un œil de physiologiste, un pauvre petit polichinelle désaccordé et flapi? Encore une fois il reviendra à cette image de l'emprise féminine avec cette grande fille vêtue de bleu pâle qui élève au-dessus de sa tête comme triomphalement, le pauvre pantin disloqué. L'épreuve première de cette idée qui lui revint lors de sa pleine maîtrise avec des aspects de hantise, c'est le frontispice pour les œuvres badines de Grécourt. Le moindre croqueton de Rops, la remarque jetée au coin d'une eau-forte a ainsi son importance; c'est là l'essai, l'ébauche d'une idée, c'est comme un rêve dit à mi-voix; il reviendra dans l'œuvre avec toute l'ampleur d'une obsédante vision enfin traduite: ainsi le portrait de Béranger esquissé à un frontispice deviendra lentement sous le crayon ou la pointe de Rops, ce Joseph Prudhomme, ce bourgeois vénérable, lippu, ardent dont les belles filles qui, aux dessins de Rops, représentent l'art libre, brandissent la tête fraîchement coupée; ce sera cet extraordinaire regardeur, dont il jette le muffle, le faux-col et les lunettes, en marge, en remarque de certaines eaux-fortes audacieuses où le stupre et le spasme se retracent en traits corrosifs.

Ces frontispices que Félicien Rops donne à la librairie, peuvent-ils être considérés comme une indication de ses goûts littéraires, et nous aider à nous figurer sa mentalité d'art? Non! Selon la tradition du bon peintre flamand qui fait tranquillement honneur à la commande, Félicien Rops n'eut longtemps que jusqu'à un certain point souci du texte qu'il ornait ainsi d'une façade, qui souvent fait tout le prix du livre qui l'a obtenue.

Au début de sa vie, on peut compter d'ailleurs que certains de ces frontispices exécutés pour des livres dont il ne pouvait s'exagérer la valeur, lui furent agréables à faire, parce que en les paraphant il avait la conscience de faire la nargue aux rigorismes bourgeois et à certaines hypocrisies. D'autres fois, il acceptait simplement la commande et dans ses années de jeunesse, il suit le mouvement de la librairie belge avec une belle insouciance.

Mais plus tard, il choisit; les frontispices sont l'indice chez lui d'une admiration littéraire ou d'une amitié; par exemple, quand il met à la première page du petit volume de début du pauvre Jean de Tinan, l'*Impuissance d'aimer,* cette figure longue et nue, joaillée hermétique d'une stérile prêtresse d'Isis; d'une admiration et d'une amitié, lorsqu'il sigille d'une belle page l'œuvre d'un grand méconnu, d'un écrivain avec lequel il sympathise dans les hautes régions de la spiritualité, d'un Stéphane Mallarmé ou d'un Villiers de L'Isle Adam. Déjà, jeune encore, il a pu fournir un de ses chefs-d'œuvre en gravant le frontispice des Epaves; bien tard, sur le déclin de sa vie, il trouve pour caractériser une petite

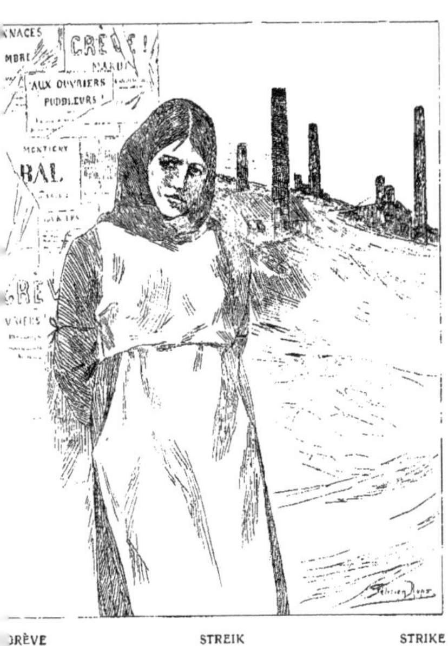


GRÈVE STREIK STRIKE

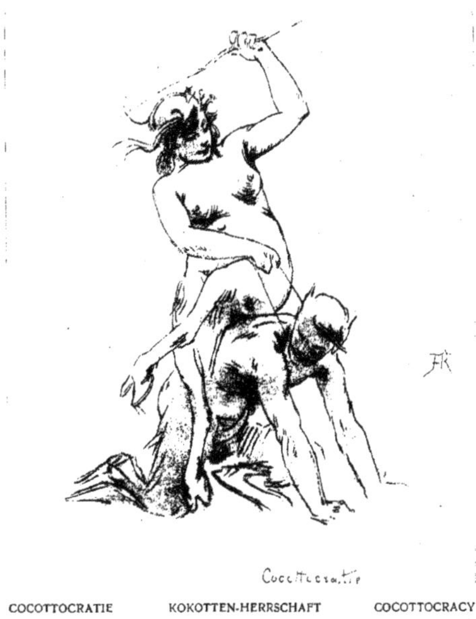


COCOTTOCRATIE KOKOTTEN-HERRSCHAFT COCOTTOCRACY

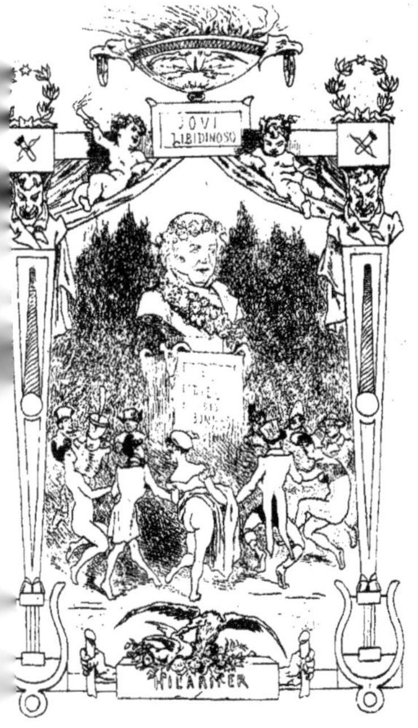


GAIETÉS DE BÉRANGER
ANGER'S HEITERKEIT
ANGER'S CHEERFULNESS

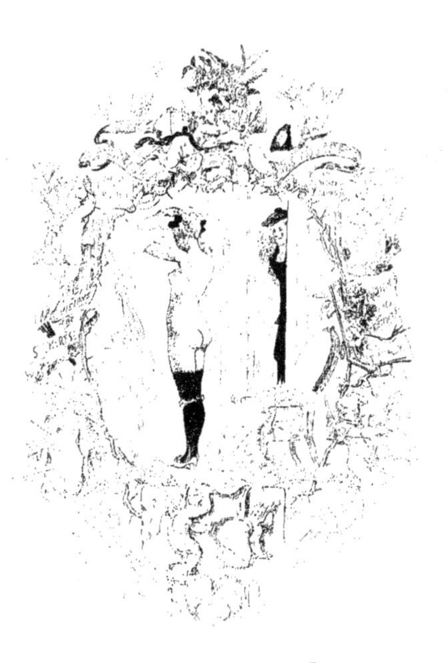

LES EXERCICES DE DÉVOTION DE M. HENRI ROCH
HENRI ROCH'S ANDACHTSÜBUNGEN
HENRI ROCH'S ACTS OF DEVOTION

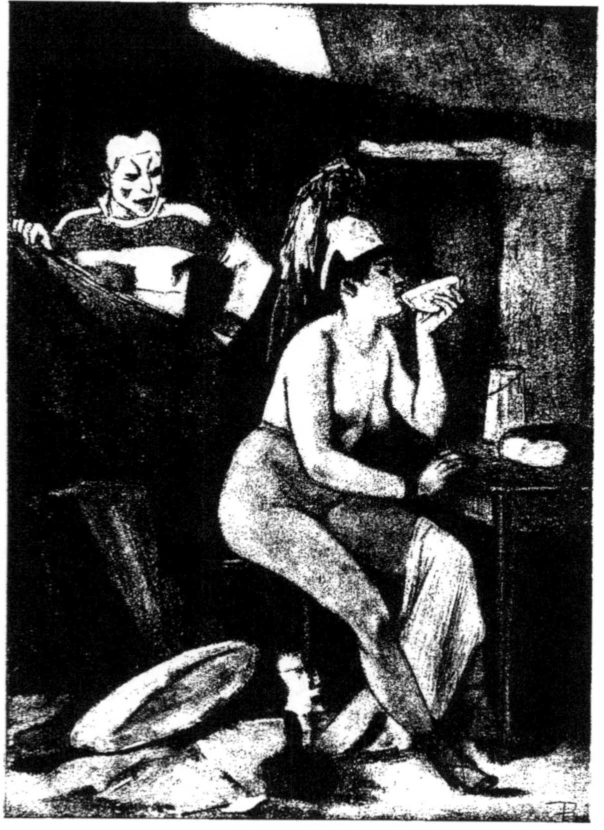

L'ENTRACTE DE MINERVE — ZWISCHENAKT DER MINERVA — MINERVA'S ENTR'ACTE

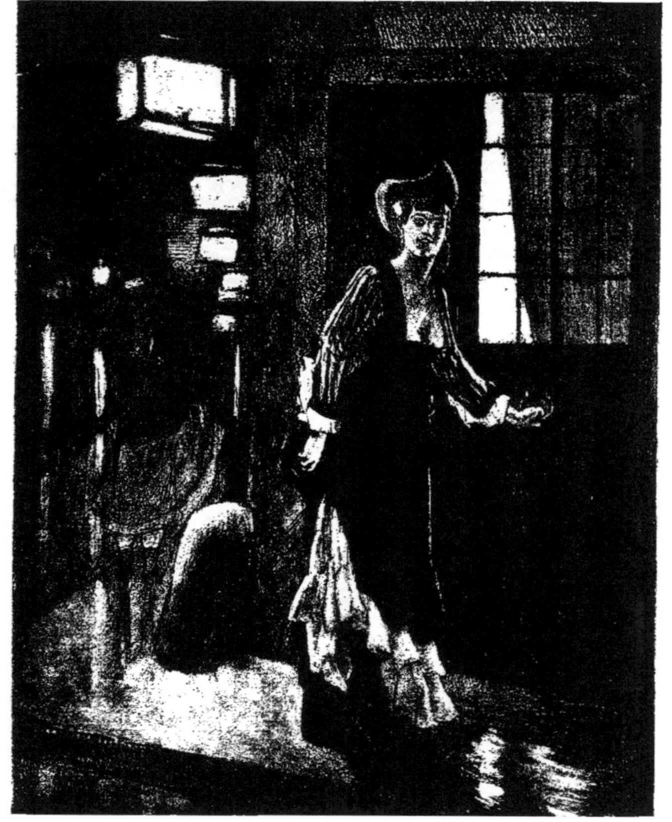

LE RYDDECK

publication de luxe de Paul Verlaine (quelques sonnets licencieux). *Les Amies,* une petite Sphynge gavroche, aux yeux creux et cernés, d'une bizarre gracilité, avec une face curieuse mi de gamine de Paris, mi d'héroïne de Burne Jones. Mais dans sa pleine maturité, deux de ses plus belles planches lui seront dictées par un désir d'être agréable à des amis d'art; c'est le frontispice de l'*Akédysséril* de Villiers, beau poème à la louange du grand amour quasi supra-humain, et c'est celui des *Pages* de Stéphane Mallarmé, *la Grande Lyre.*

C'est aussi, un peu sentimentalement, qu'il a abordé l'illustration du livre, et éparpillé dans le *Til Ulenspiegel* de Charles de Coster quelques très beaux dessins. L'œuvre qui est en quelque sorte l'épopée nationale flamande était alors très inconnue. Son auteur, Charles de Coster, végétait. C'est un témoignage de fidélité à ses attaches flamandes, de la part de Félicien Rops que ce beau travail où les personnages célèbres de Lamme Gœdzak et de Til Ulenspiegel et de Nèle ont trouvé leur peintre. Le célèbre dessin du *Pendu*, où l'homme mort, pendu à un battant de cloche est si tragique dans la rectilignité de toutes les rigidités qui l'entourent, est un des dessins faits pour cette belle édition du livre de Coster.

La grosse part de l'œuvre de Rops, ce sont les grandes planches du style des Sataniques, des Diaboliques et celles où se jouent le drame douloureux des voluptés compliquées, la chronique amère des Cythères modernes; mais en repos de ces travaux qui sont l'expression même de son art profond et du profond de son art, qui répondent à sa volonté et à la philosophie qu'il tire de la vie et de son moment d'art, il a deux gammes plus souriantes . . . *Misanthropie!* la planche légère, nous montre le caractère de la gaminerie de Rops. Tantôt cette gaîté s'accroît d'intensité, tantôt elle demeure très familière. Dans un décor à la Stevens, avec un culte aussi parfait de l'accessoire que celui du peintre Stevens, luxe qui ne va peut-être pas sans quelque souci de parodie, il fait intervenir le sombre aspect de l'huissier. Cette gaminerie, il la monte au style dans l'*Attrapade* ou dans le *Gandin;* les faces violentes de ces Nanas avant la lettre, de ces Fanfarlos qui, sur l'escalier du restaurant de nuit célèbre, échangent des propos homériques, auxquels le vocabulaire de la langue verte, inventoriée par son ami Delvau prête ses âpretés et ses fraîcheurs, cela fait confiner Rops à Guys, à Degas comme à Daumier, dont il relève quand il grave son beau masque sourd et profond «Bourgeoisie». Le gandin et cette ébriété qui cesse d'être légère pour emmailler l'homme comme du réseau des mauvais songes pervers, c'est à base de gaminerie, et cela conduit au style, au style d'un peintre de la vie moderne. Rops philosophe volontiers, et même lorsqu'il plaisante, la beauté de la technique, les oppositions des noirs profonds et des blancs légers relèvent la plaisanterie, lui donnent un caractère de satire très réfléchie. Tout de même, souvent, il s'amuse.

Il s'amuse à ces silhouettes foraines si joliment enlevées quelquefois, si puissantes aussi, qu'on voudrait voir plus nombreuses dans son œuvre! Un Roman comique de Rops! Un nouveau Roman comique de lui, juxtaposant à la vie pittoresque des forains, la vie pimentée des coulisses, prodiguant les silhouettes des vieux cabots tragiques, des vieux pitres, des jeunes premiers infatués, et la liberté d'allure des belles personnes et les gros désirs des habitués des coulisses. Quel livre de beauté et de caricature cela eût pu nous donner! Mais dans ce que nous avons, nous trouvons les plus savoureuses indications; ce sont les planches du *Théâtre des cent croquis* avec la robuste fille délurée qui nous en soulève le rideau; c'est la planche de clôture où la femme montée sur un cheval de bois, voisine avec le singe si joliment attifé en fillette; des planches comme l'*Entr'acte de Minerve,* sont la jovialité même, par la simplicité du rendu des attitudes, par le choix du modèle, cette fillette à aspect de vice innocent fait songer aux pages émouvantes que Dickens a écrites sur la vie des comédiens ambulants. C'est la très curieuse *Répétition* avec l'attrait curieux de ce corps musclé de lutteuse tendu dans l'effort, la savoureuse prestesse de la transcription de l'attitude rare, et à côté, la vision satirique, du cabot forain, à l'oripeau ridicule, faraud tout de même, car, il le manifeste tranquillement du cynisme de son clin d'œil et de l'épanouissement de sa face simiesque, c'est bien pour lui qu'on travaille, c'est pour lui que se donne l'effort, que s'accomplit l'exercice qui tient la femme suspendue par un

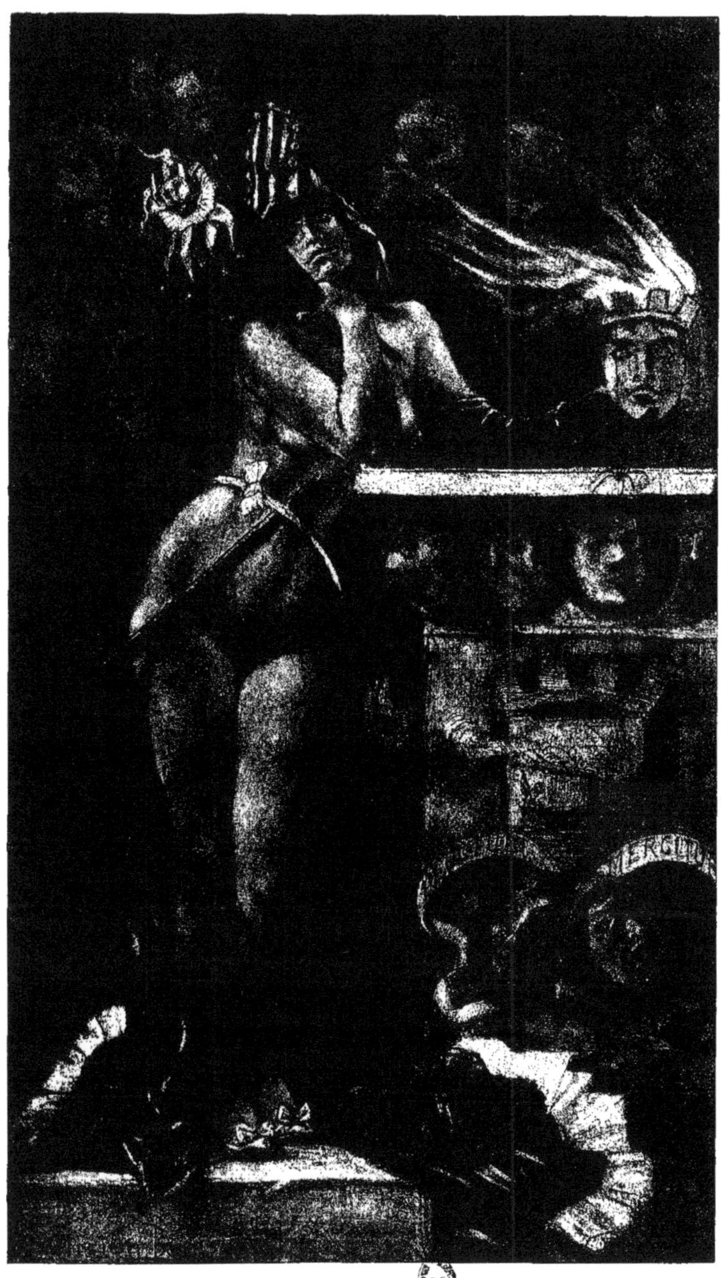

MASQUES PARISIENS — PARISER LARVEN — PARISIAN MASKS

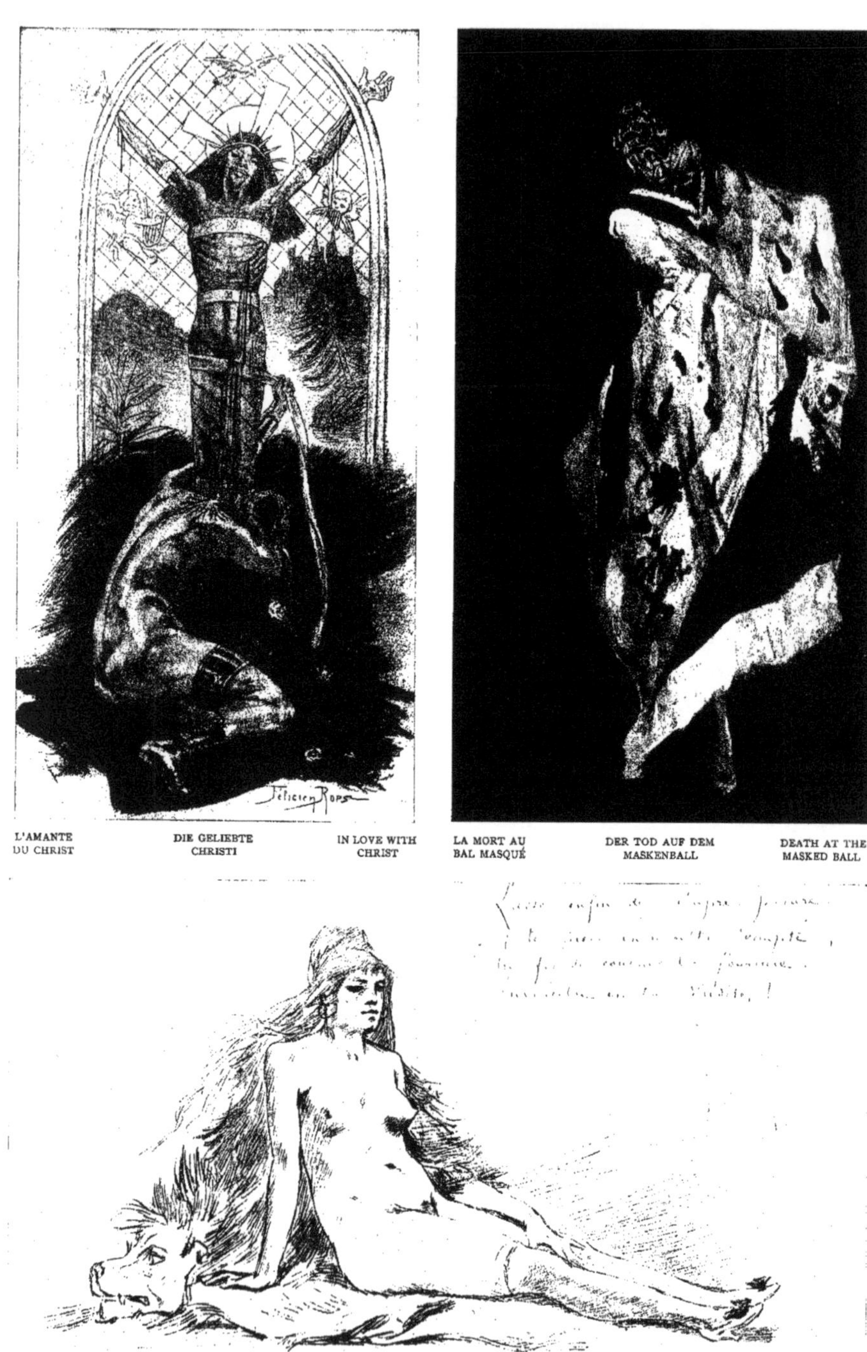


L'AMANTE DU CHRIST — DIE GELIEBTE CHRISTI — IN LOVE WITH CHRIST

LA MORT AU BAL MASQUÉ — DER TOD AUF DEM MASKENBALL — DEATH AT THE MASKED BALL

LA FEMME À LA FOURRURE — DIE FRAU AUF DEM PELZ — WOMAN WITH THE FUR

pied et toute tendue vers le poids qu'elle va soulever de sa mâchoire robuste.

C'est aussi dans cette série que nous trouverons la *Femme au trapèze*, séduisante malgré sa laideur, intéressante malgré la banalité de sa face, par quelquechose de douloureux, de lassé et de voluptueux qui passe dans le regard des yeux violemment charbonnés. C'est un moment de calme avant l'effort, avant l'exercice, avant de tendre tous les nerfs pour la réussite de l'exercice, et c'est d'un joli sentiment complexe, car le dessin, s'il communique un peu de joie, vous imprègne aussi de pitié, pourquoi? à cause de cette sorte de lassitude, de demi-tristesse animalement contemplative qui se peint aux larges prunelles de la femme.

Dans tout le livre des *Cent Croquis*, Rops s'amuse. On sait que ce livre fait pour M. Noilly, relié par lui, à mesure qu'il recevait les *dizains* de dessins, a été disloqué et dispersé, et qu'on ne trouve nulle part, sous forme de volume, cette série de caprices de Rops. Il serait possible actuellement de revenir là-dessus, et de réunir à nouveau dans un volume à belles reproductions ce que Rops avait dessiné pour être réuni, et dont il avait planche par planche, déterminé l'ordre. Ces *Cent Croquis* accumulaient pour lui, dans leurs pages, tout le brio, le leste, le licencieux, le capricieux et le caricatural qu'il pouvait tirer de la vie moderne. Voici en plein ciel, devant un grand miroir ailé qu'à guidé vers elle un petit amour, une Parisienne nue peignant ses cheveux et vers elle, c'est tout un vol de petits amours, l'un chargé de cartons de Worth, l'autre de lait Mamilla, l'autre de bouteilles de parfums; et de tous les coins du ciel, ces petits amours à la Rubens apportent l'éventail, le parfum, les onguents; le *Bobo de la novice* évoque la plaisanterie molièresque des matassins, avec un moine apothicaire dans une cellule de novice bizarrement ornée d'un grand tableau où se courbe une femme nue. Un pompier pénètre la lance en arrêt, dans une chambre où il y a sans doute le feu. Il a pris si subitement, ce feu, qu'une jeune femme inquiète n'a pensé à couvrir que ses épaules. Voici dans une rue de village *l'Appel de la nature*, dans sa candeur entière, car il faut toute la violence résolue d'un bon curé et d'une nonne pour traîner dans d'adverses directions l'un son chien, l'autre sa chienne que la saison émeut, à la grande joie du curé, à la confusion de la nonne. Ici tout un essaim d'amours, de diablotins, de satyrions, extraite d'un puits une fillette nue comme la Vérité, sauf bottines. Là, en une des meilleures planches, voici un ballon qui fuit vers tous les horizons de la fantaisie et la nacelle est une corbeille de fleurs où s'est assise une *folie* au joli toquet tout moderne, agitant sa marotte. Des coins de la nature apparaissent, des bords de Marne, très arborescents, des pointes d'îles où baigneurs et baigneuses ont arrêté leurs barques et interrompu le bain pour les innocents plaisirs d'une partie des cartes. Il met là des dessins du genre de cette *Feuille de vigne* qui n'est point dans ses modestes proportions l'héroïne de la belle page à qui elle donne son titre, et qui n'effleure que très peu les jambes agiles de cette belle fille que les petits diablotins visent de leurs flèches. Il y épand toute cette verve raillarde qui se manifeste si fortement dans ce curieux dessin *Spiritus flat ubi vult* avec cette simple dédicace plus éloquente qu'un long commentaire, «à Armand Silvestre», plaisanterie un peu grasse, mais que légitime l'alerte joliesse du dessin.

Ces *Cent Croquis* sont le témoignage le plus complet de sa verve, de sa gausserie, la plus simple et la plus naturelle, sans mélange de parodie, sans intentions de caricature.

Autre repos: Les portraits patiemment traités, ou enlevés de verve des femmes du Nord au masque tranquille, aux mouvements lents. Elles étaient alors, ces femmes du Nord, plus différentes des Parisiennes qu'elles ne le sont maintenant. Il dit dans une lettre (écrite lorsqu'il a vingt-huit ans et qu'il vient de prendre contact avec Paris): «Si vous aviez vécu à Bruges, dans cette vieille Venise du Nord qui n'est plus qu'un splendide tombeau où les palais gothiques regardent tristement les nénufars fleurir dans les bassins ... où les vieilles femmes, roides et jaunes figures d'Hemling, rampent le long des quais déserts comme si elles étaient les pleureuses de ce grand passé, vous comprendriez, mon cher Monsieur, le profond étonnement qui s'est emparé de moi, lorsque je me suis trouvé face à face, avec ce produit formidablement étrange, qui s'appelle «une fille parisienne». M. Prudhomme rencontrant au coin du boulevard la Vénus hottentote en costume national serait moins ébahi que je ne l'ai été devant cet incroyable composé de carton, de nerfs et de poudre de riz ... J'ai une centaine de ces Rosières du Diable que je compte faire paraître cet hiver ... je dessinerai avec le même bonheur les grands yeux maquillés des Parisiennes et la chair ferme et plantureuse de nos sœurs de Flandre; je vous montrerai mes Zélandaises ...»

Il dit de ces Zélandaises: «De l'alliance de l'Espagne et de la Flandre, de ce mariage de la neige et du soleil est né l'un des plus beaux produits humains. Rubens le savait bien, lui! Elles sont belles, simples et ardentes; elles ont une simplicité de mouvement d'une grandeur épique, elles vous font venir à la pensée les paroles de Barbey d'Aurevilly: «l'épique est possible dans tous les sujets, soit qu'il chante le combat à coups de bâton d'un bouvier dans un cabaret, ou la rêverie d'une buandière battant son linge au bord du lavoir, et cela, sans avoir besoin de l'histoire, quand le bouvier inconnu ne serait pas le Rob-Roy de Walter Scott et cette buandière ignorée la Nausicaa du vieil Homère... Il ne s'agit que de frapper juste toute pierre, si salie qu'elle soit dans les ornières de la vie, pour en faire jaillir le feu sacré ...»

Ainsi Rops nous renseigne sur sa conception de l'épique qui explique ses filles, ses Satans, ses buveuses d'absinthe, sa transfiguration de la vie quotidienne, ce lyrisme qu'il trouvait en lui pour peindre les luttes de la vie et les repos des campagnes et des bords de mer.

Rops s'est tenu parole. Il a dessiné beaucoup de Zélandaises; de la même patience dont il égratigne le guillochage de rides de la *Vieille à l'aiguille,* il figure *l'Experte en Dentelles,* la figure à la fois massive et ardente, sous le bonnet hollandais, tout son tempérament volontaire et rusé réveillé par le contact de l'entre-deux qu'elle va estimer et réduire à sa juste valeur. Il sait aussi chercher parmi ces calmes dentellières des types de grâce apaisée, à qui la monotonie du travail a composé un masque de froide fraîcheur. Il saura dire la maternité de Soetkin, creuser les vieilles faces boucanées par le vent qui vient d'Islande, des vieilles pêcheuses; il dresse à son comptoir la *cantinière des pilotes,* délurée et prête, les yeux froids et la bouche en accueil, peut-être disposée à interrompre pour l'arrivant chargé de désirs, le geste machinal qui lave les verres. Le tempérament tourmenté et curieux, et l'esthétique baudelairienne l'emportent bien vite ... Il ne se borne pas dans sa Zélande tranquille, où le bruit le plus violent, sauf aux soirs de Kermesse, est celui du vent qui en sifflant courbe les arbres au long des canaux, à peindre les innocentes et les délurées. Anvers le reprend, ce vieil Anvers de son temps, encore plus docks, cabarets et ryddecks, que maintenant; il y découvre les vieilles gouges dont il fait le portrait en lacis de traits violents, et quoiqu'il en ait dit dans ses lettres de jeunesse, ce type Rubénien qu'il admire et qu'il voulait voir en candeur opulente et en belle humeur décemment amoureuse, il l'a suivi ailleurs qu'en cette calme Zélande; à quelque lourdeur des extremités, à quelque ahurissement sur la face, à un rien de moutonnier dans le sourire, des héroïnes de ses scènes parisiennes, laissent voir avec netteté quelquefois qu'elles peuvent venir de ce faubourg de Cologne, à Bruxelles, où il crayonna jeune, et où, certainement, il conduisit Baudelaire. Des affinités, des souvenirs confus ou tyranniques lui firent-ils choisir à Paris des modèles arrivant d'Anvers ou de Schaerbeck? c'est possible. Il a pu aussi aller chercher ses modèles où ils étaient. Il avait bien raison; il prenait son bien où il le trouvait et cela donne à son interprétation de la luxure, un aspect plus universel; mais la catégorie posée par lui, entre les licences de Paris et les repos de Flandre, ne tient pas debout devant l'examen de son œuvre. Illusion respectable de patriote à laquelle on peut tout de même, légèrement toucher.

Le *Vol et la Prostitution dominent le monde.* — La *Folie et l'Amour dominent le monde!* (écrit Rops en légende de deux de ses plus belles planches), le monde vu à lueur de la lampe sulfureuse du Démon de la Perversité d'Edgar Poe, dont il a subi l'influence à travers celle de Baudelaire! Ah! ces lumières d'art, en plus de son génie propre, suffisent bien à expliquer qu'il ait voulu traduire toute la luxure, et qu'il se soit emparé de ce terrain à lui laissé libre par ses devanciers: la douleur dans la volupté, l'avarice et la manie dans la volupté, sans qu'on ait besoin de chercher, comme M. J.-K. Huysmans, à en faire un satanique, c'est-à-dire cette sorte de damné catholique, à qui la religion sert de

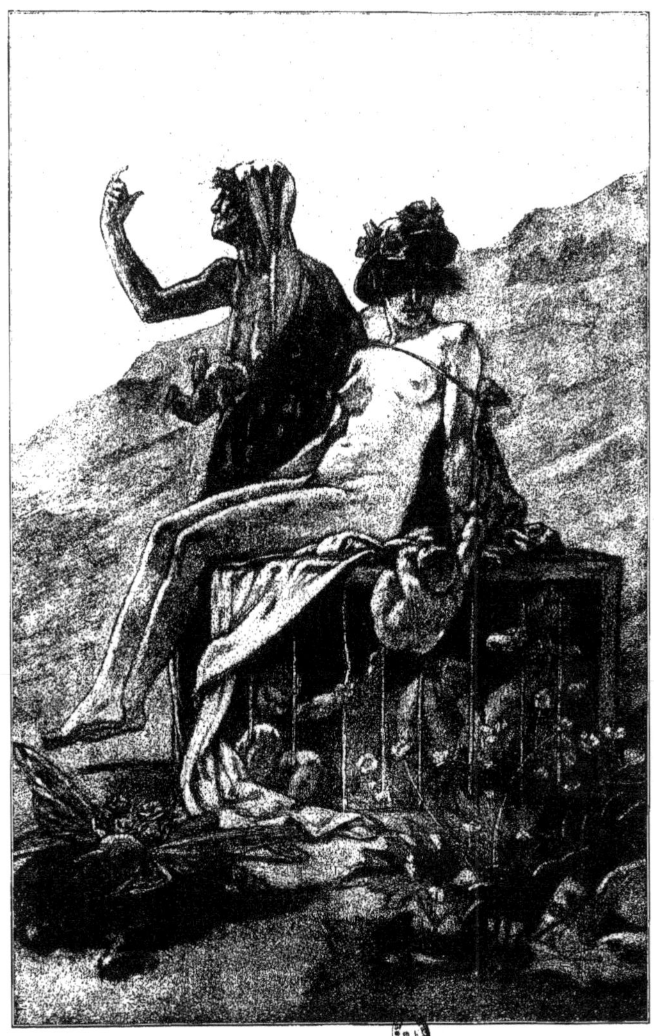

LA FOIRE AUX AMOURS LIEBESJAHRMARKT LOVE'S FAIR

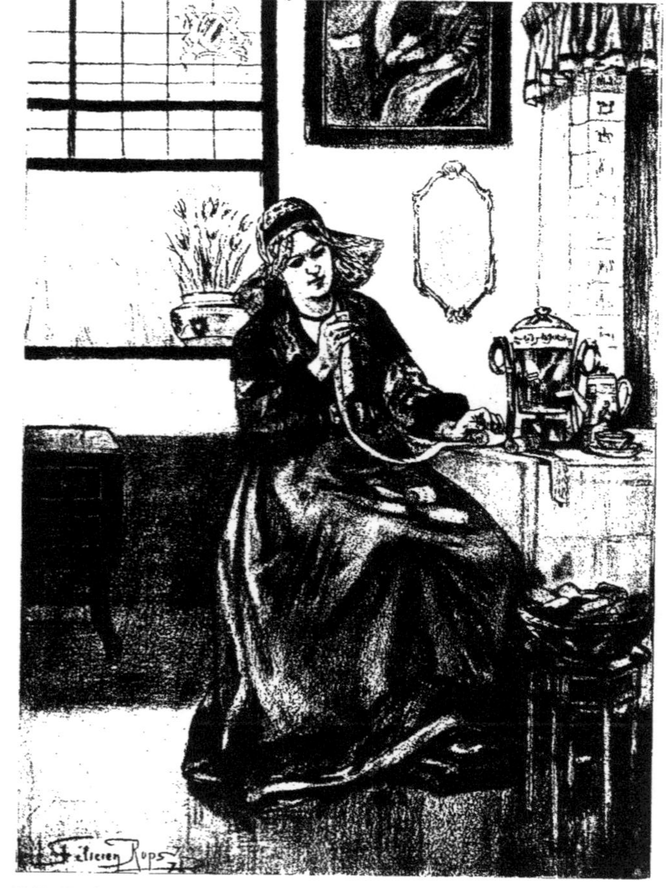

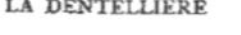


LA DENTELLIÈRE DIE SPITZENKLÖPPLERIN THE LACEMAKER

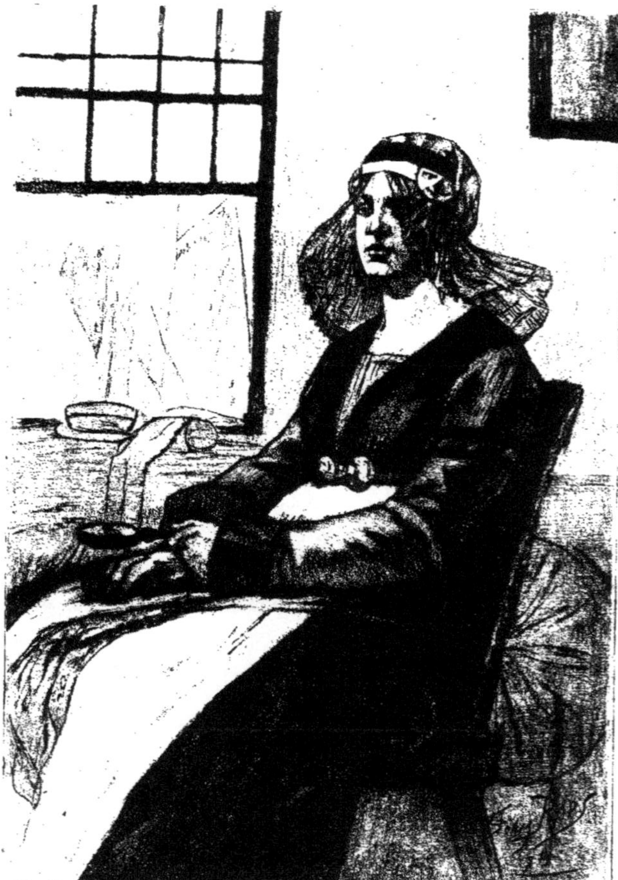

LA DENTELLIÈRE HOLLANDAISE HOLLÄNDISCHE SPITZENKLÖPPLERIN DUTCH LACEMAKER

piment à la volupté. M. Huysmans nous dira de sa grosse plume lourde que forcément Rops devait incarner les Possessions et que «ce faisant, il était d'accord avec les Pères de l'Eglise, avec tout le Moyen-Age, l'antiquité même, avec Quintilien qui pense que la présomption est plus grande que la femme soit sorcière», avec Bodin qui dit que «Satan par le moyen des femmes, attire les hommes à sa cordelle» inutilités oratoires, et pour dire vrai, billevesées. Il ne faut pas prendre quelque *caprice* à la Goya où Rops campe une jolie sorcière nue (sauf les bas et un arrangement raffiné de la coiffure) pour un indice de démonologie. Encore, si Rops a mis ses dessins au service de l'œuvre de Barbey d'Aurevilly, cela prouve-t-il qu'il admit complètement le satanisme de bazar et le toc grandiloquent de l'écrivain? Narquoise, la pensée de Rops se dévoile dans cette planche, la *Sirène,* où des badauds, des pêcheurs à la ligne, tirent de la Seine, au lieu d'une ablette, le corps merveilleux d'une Sirène. Il a été frappé du contraste qui existe entre la tenue bourgeoise de la population des villes modernes et l'âme même, exacerbée par l'ennui, de leurs citoyens. Il les a sentis prêts tout le temps, à griffer le voile des convenances et même à le déchirer. Il n'a point l'hypocrisie du faux croyant; simplement il descend aux limbes de l'inconscient chez les gens, et il analyse la foule qui passe; il y voit se pavaner triomphants, la proxénète, l'aigrefin, la fille, et il le dit. Point besoin d'autre interprétation aux directions de son génie. S'il n'avait pas écouté autour de lui le sanglot humain, s'il avait été simplement cet épigrammatiste exaspéré, à fond catholique, eût-il dressé à côté de sa protestation contre la peine de mort cette mélancolique figure «la Grève»? C'est un dessinateur ardent de la vie moderne, et l'oripeau du passé ne lui importe que comme décor. La *Chimère,* le *Semeur,* l'*Idote,* le *Sacrifice,* l'*Enlèvement,* le *Calvaire,* de simples figurations allégoriques et non actes de foi par contraste; Rops n'attache pas plus d'existence réelle à l'idée de Satan que Watts à celle de Mammon quand il le peint, les yeux vitreux et les pieds sur la jeunesse exténuée. Ce sont figurations du rêve, symboles, et cela n'en est que plus vibrant, plus explicite et plus frappant. Tout l'art de Rops indique qu'il est un esprit sain.

Mais pour donner ses grandes pages, il a besoin de sujets et n'oublions point que Rops est un romantique! La date de sa venue au monde de l'art veut qu'il soit un romantique qui a lu Balzac et que commence à pénétrer le réalisme. N'en fut-il pas moins assez féru de romantisme pur pour penser longtemps à illustrer Musset! Il ne demeure de ce projet que deux croquis, tel ce léger Don Paez. Ils suffisent pour indiquer une des filiations de Rops: sa correspondance avec M. Noilly pour qui il dessina la suite des *Cent Croquis,* à qui il proposait un *Album du Diable*, apporte sur son satanisme une précieuse indication, et les croquis parlent. Ces diablotins légers du frontispice d'un Dizain des *Cent Croquis*, qui se pressent autour d'une femme nue à la Rops, c'est-à-dire chaussée et coiffée, sauf les bouclettes cornues de leurs cheveux, ce sont ces amours qui de Rubens vinrent à notre art avec Boucher. L'*Album du Diable* n'eût été que la suite des *Cent Croquis.* Dans une lettre à M. Noilly, Rops explique son titre «le Diable peut tout voir» c'est sa seule raison d'évoquer cette vieille entité de la superstition, et son diable est beaucoup plus près du Diable boiteux, des diables d'un Le Sage et d'un Cazotte qui toujours hantèrent les romantiques que de celui des inquisiteurs ou de J.-K. Huysmans; le diablotin de Rops ne se distingue pas de ses satyrons.

Ce sera l'Album du Diable, parce que le Diable peut tout voir; il est donc commode à l'artiste de le faire intervenir pour figurer tous les spectacles et supposer un reportage satanique des scènes et des chocs de passion les plus secrets.

Le nu de Rops est rarement du nu total; dans cette œuvre si variée on en trouve cependant. C'est Messaline *(Lassata)* aux yeux creux, (que tout de même enguirlandent un peu des débris de la chemise lacérée), c'est l'Androgyne de la grande Lyre. Aussi il jette des nus en décor des *Souvenirs d'antan,* pour le vieux rêveur qui fume sa pipe près de son foyer, et qui dans les braises rougeoyantes regarde revivre ses souvenirs, aux murs de la chambre où parmi les nuages de la fumée ces souvenirs se dessinent en jolis corps nus aux volutes aimables qui lui rappellent les beautés secrètes des heures envolées. Il y a des nus dans ses études. La Tentation de Saint-Antoine comporte sur sa croix, un nu radieux et souriant,

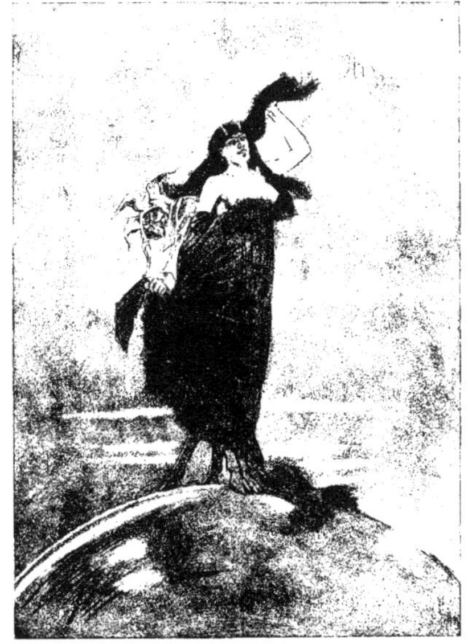

LA FEMME ET LA FOLIE DOMINENT LE MONDE
DIE FRAU UND DIE NARRHEIT BEHERRSCHEN DIE WELT
WOMAN AND FOLLY RULE THE WORLD

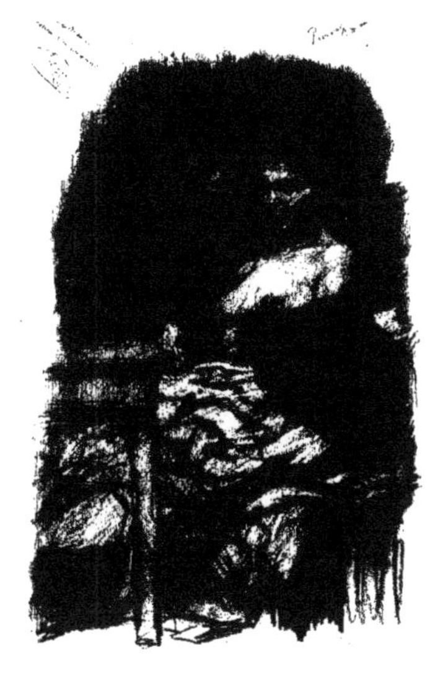

LE QUATRIÈME VERRE DE COGNAC
DAS VIERTE GLAS COGNAC
THE FOURTH GLAS OF COGNAC

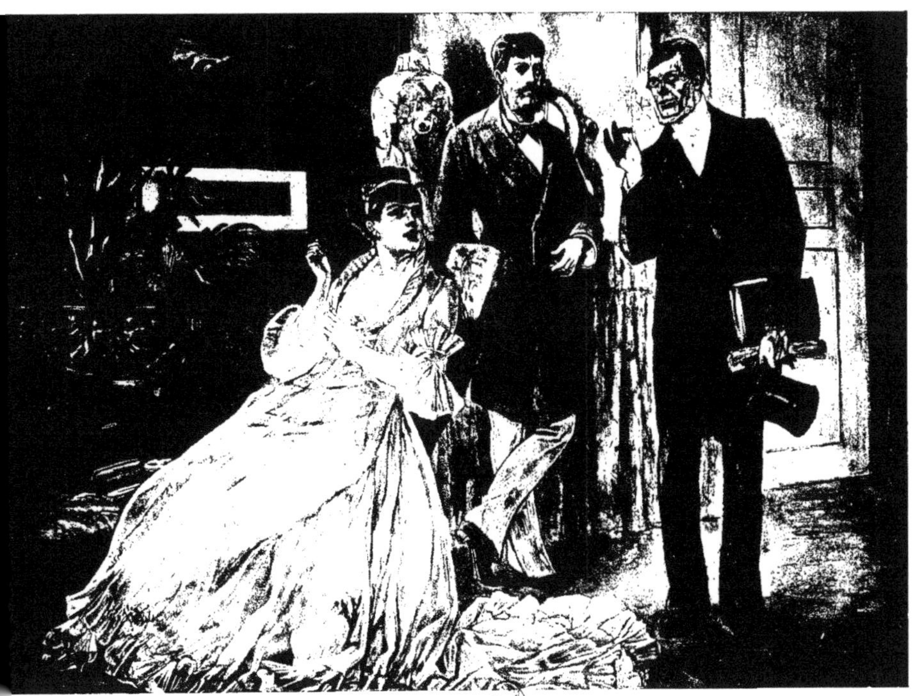

LA SAISIE — DIE PFÄNDUNG — THE ATTACHMENT

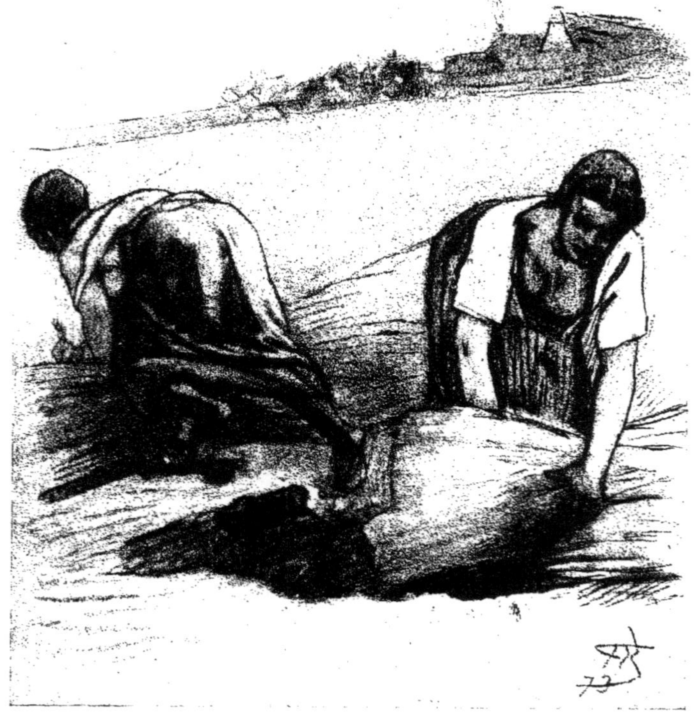

LES GLANEUSES ▫▫▫▫▫
DIE ÄHRENLESERINNEN
THE GLEANERS ▫▫▫▫▫

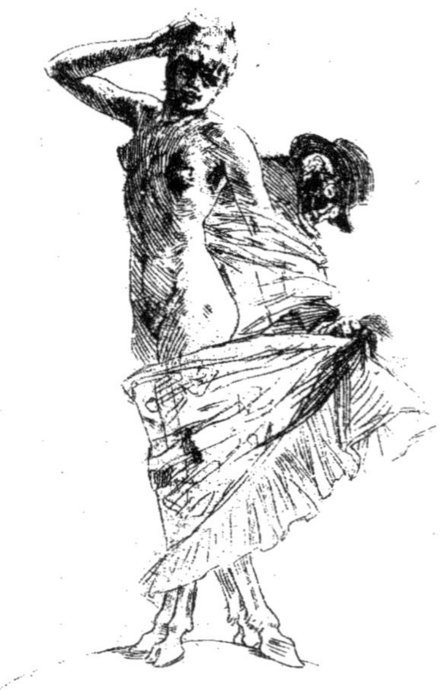

LE VOL ET LA PROSTITUTION DOMINENT LE MONDE ▫▫▫▫
DIEBSTAHL UND PROSTITUTION BEHERRSCHEN DIE WELT
ROBBERY AND PROSTITUTION RULE THE WORLD ▫▫▫▫▫▫

moqueusement posé devant la stupéfaction et l'hésitation de l'ermite et son indécision près d'un Christ souffrant qu'un diable malin, plus près de Mephisto que de Satan, un diable raillard et tout réjoui de la bonne farce, détache de la croix. Mais presque toujours il pimente le nu; il laisse à la femme son chapeau, son corset, ses bas; parfois il échancre simplement et largement le costume pour montrer les seins, ou bien comme dans le frontispice des *Masques Parisiens,* il en varie les lignes par une ceinture et une *batte.* Dans la belle image qu'il appelle *Peuple* c'est encore du déshabillage et il choisit le moment où la belle fille fait jaillir des linges sa chair dure et il lui laisse les bas. Il garde le hennin à la femme de l'Incantation et ce n'est pas seulement pour fixer l'époque (tout le décor y contribue). Il laisse à la *Dame au Carcel* ses gants noirs, son bonnet à la curieuse femelle du *Spiritus flat ubi vult.* Il gamine à interrompre d'un loup bizarrement attaché la nudité de son *Hypocrisie.* Quand il a voulu figurer sa *Muse,* il a campé une belle fille, nue sans doute, mais, avec les bas et les nœuds des jarretières, une ceinture autour du torse, un manteau court attaché aux épaules, un large chapeau campé sur la tête. La raison c'est que Rops est moderniste; il laisse le nu total aux peintres d'Académie. A son moment, alors que l'impressionisme avait à peine commencé à se formuler, où Manet laissait l'Olympia n'être dans son œuvre qu'un phénomène isolé, le nu était surtout traité par des artistes académiques dont Rops tenait à se différencier. De plus, dans cette conception, il trouvait sa marque originale; il ne dessinait le nu de la femme que pour corroborer l'idée de plaisir (comme il appert si nettement du nu si peu paré de la femme à la fourrure) son souci n'est point d'évoquer un rêve de belles lignes, de renouveler le pèlerinage à l'idée de beauté qui se fait vers la Vénus de Milo, vers l'Antiope endormie au tableau du Corrège, vers les mélancolies prud'honiennes. Il est un peintre de mœurs. Son héroïne, il l'a figurée au frontispice des *Rimes de Joie,* lisant au coin du feu, déshabillée, les petits couplets ironiques et amoureux du poète. S'il admet que le nu a plus d'innocence que le déshabillé, c'est sa raison pour l'écarter, car son rêve d'art n'est point de nous montrer des formes pures, mais de donner un caractère d'art à des études sur la perversité moderne. Il ne dessine pas d'ardentes Ménades, mais Madame Hamelette, pour qui le problème «Être ou ne pas être» se pose d'une tout autre façon et bien plus quotidienne que pour le prince danois, aux irrésolutions duquel Rops oppose en évocation brève tant de promptes décisions de bêtes de joie et de proie.

Feuilletons au hasard l'œuvre énorme de Rops, au hasard des cartons; la variété est stupéfiante. N'oublions pas auparavant de songer que Rops est un peintre, que la Tentation de Saint-Antoine est un fort bon tableau, que de nombreux portraits sont sortis de son pinceau, et des grèves marines, et des plages où passent les baigneurs près de cabines, que les barques s'y dressent sur une mer notée avec une précision vigoureuse et que d'autres tableaux, la vieille Anversoise, la Mort au Bal masqué, la Cantinière des Pilotes, sont de belles œuvres. Mais dans ces milliers de planches gravées, de dessins, de pointes sèches, tous les genres se coudoient et dans tous il est supérieur. Caricaturiste, il l'est par instants, bonnement, doucement, drôlement, parfois en parodiste, et quand il raille ses confrères, le trait est singulièrement incisif. Cette fois, il s'adresse à son brillant contemporain M. Winterhalter qui peignit tous les grands portraits de son temps. Dubufe n'avait que la noblesse, Winterhalter avait les souverains. Il les peignait d'une manière méticuleuse et lisse, froide et infiniment enjolivante.

Un modèle de Winterhalter ne pouvait offrir que la plus précieuse élégance. Aussi Rops fait-il partir dans le rythme sautillant d'une polka, une personne des hautes sphères (on dirait maintenant les classes dirigeantes) et qui semble étreindre sur sa poitrine un danseur absent, simple parodie d'une pose un peu maniérée trouvée par Winterhalter pour un portrait.

C'est presque de la satire politique et sociale, c'est tout de même de la caricature, cette leçon qu'inculquent les vieux trappistes à un novice aux yeux arrondis *(Chez les Trappistes)*, c'est la pure bonne humeur flamande qu'on voit dans ce *Printemps* fameux; cette ruée de toute une ville, vers «la petite villa malsaine» à louer là-bas, vers la campagne, dans cette campagne pleine de rapins, de siestes, de Kermesses, de lutinages à la Steen de pataches se ruant parmi les abois des meutes de roquets! En

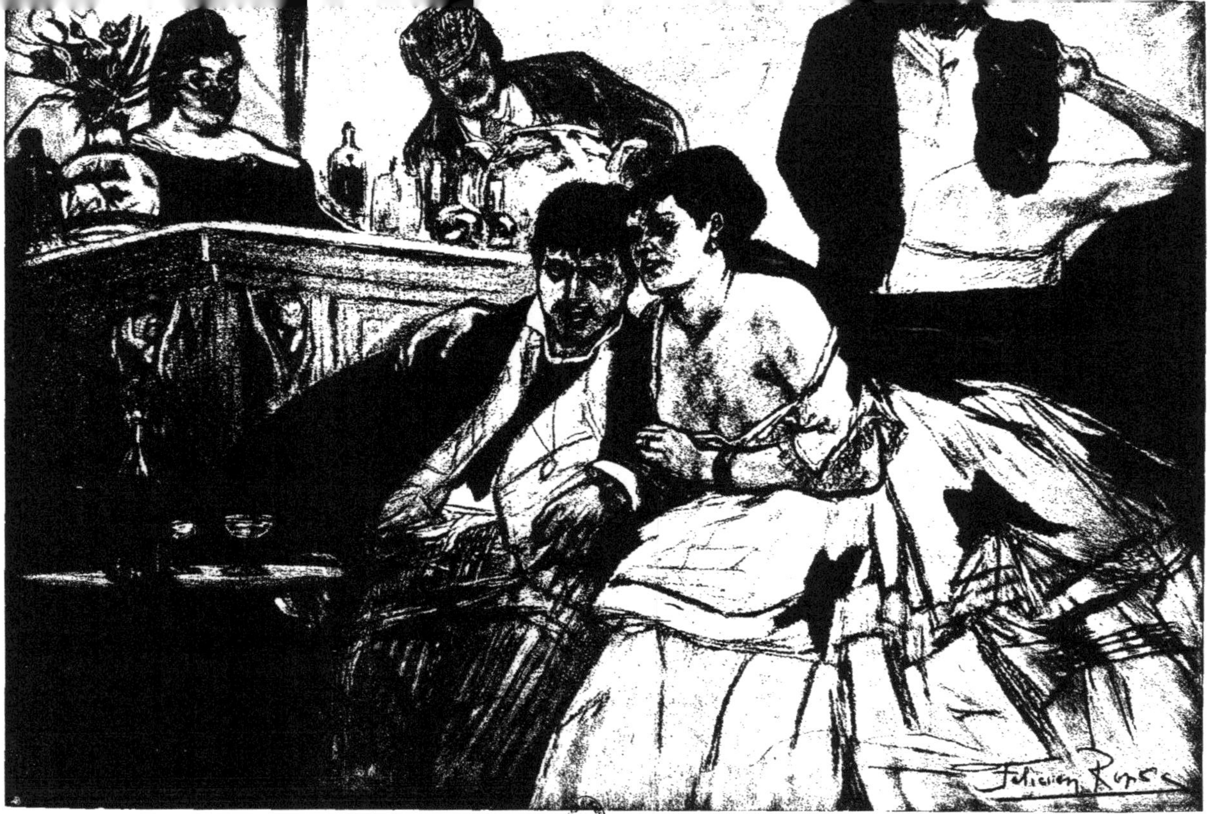

LE GANDIN IVRE DER BETRUNKENE GIGERL THE DRUNKEN SWELL

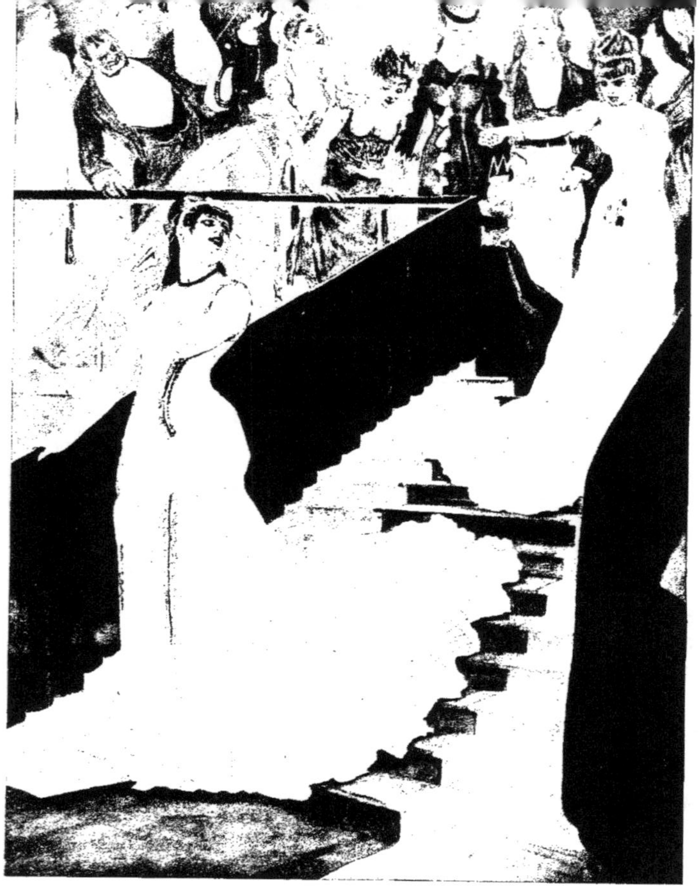

L'ATTRAPADE STREIT A QUARREL

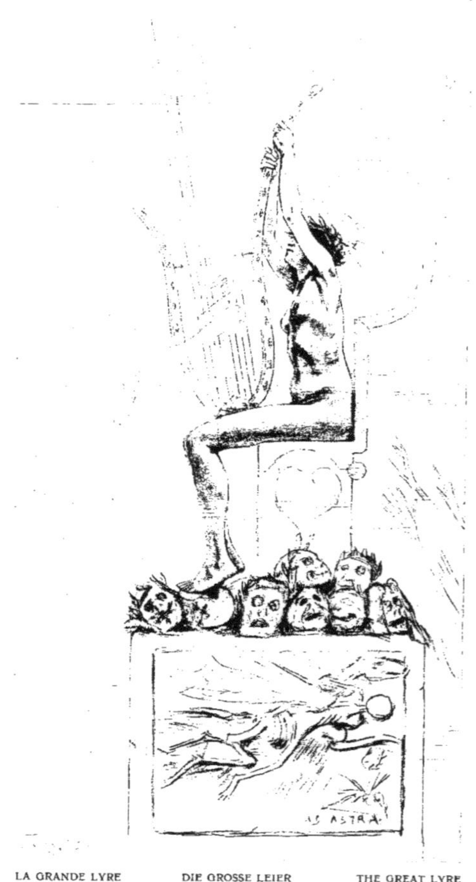

LA GRANDE LYRE DIE GROSSE LEIER THE GREAT LYRE

sortant des Salons, c'est à la bonne causticité qu'il atteint lorsqu'il s'amuse à portraicturer la foule à laquelle *il ne faut pas vanter Courbet,* planche excellente hérissée de faces de bourgeois hilares, de bourgeoises pimbèches et sèches, de jeunes filles qui ne peuvent aimer que les madones de porcelaine des peintres d'école. Il lui arrive de se servir de ce procédé que créa le Vinci, d'exagérer peu à peu la face humaine et le mouvement humain pour trouver entre les deux extrêmes de la pose calme et de la caractéristique animale, trouvée par la déformation systématique du modèle, l'allure caractéristique d'un personnage, et c'est ainsi que Gouzien au piano, jouant sans doute une de ces Rhapsodies hongroises dont Rops était épris, devient un Faune dansant, ce qui entretemps donne à Rops un portrait de musicien fantasque très pittoresque. Il a été trop préoccupé de l'alcôve, de ses joies et ses douleurs, pour en négliger l'humour. La planche célèbre «*Le retour fait regretter l'absence*» n'est point tant curieuse par la présence au mur, dans leur allure jeune et coquette d'antan, de cette abondante matrone qui se précipite sur ce mari retardataire et un peu gris, que par l'allure violente de la femme et la vibration indignée de ses chairs gélatineuses. C'est à la même catégorie d'inspirations qu'appartient cette vigoureuse affirmation de la gynécocratie qui s'appelle *Misanthropie* et qui montre un malheureux portier poussé contre sa porte, la nuque collée à l'huis par les poings vigoureux de son épouse, le balai brisé gisant à terre aux pieds de la victorieuse. C'est presque parmi ses caricatures qu'il faut ranger des dessins calmes et étudiés, comme le *Botaniste* où la satire s'est faite très douce, se tapit pour ainsi dire, dans un murmure, copie son bonhomme dans sa petite occupation, et vous laisse sourire. C'est ainsi qu'il accumule dans sa *Vieille garde* les marques d'élégante décrépitude.

Des planches de pure nature, de simples transcriptions des paysages indiquent chez lui ce goût de la campagne qui alternait avec l'amour furieux de la ville et de ses cohues, qui lui fit passer sa vie à rechercher des maisons de campagne, où il pût abriter ses collections de fleurs rares. Les *Glaneuses* sont dans ce sens, avec la *Peine,* et peut-être le *Bout du Sillon* ses meilleures œuvres.

La précision des traits et la disposition des plans évoquent dans ses Glaneuses la beauté des Millet; elles ont la simplicité quasi-antique que savait retrouver le maître de Barbizon. Rops d'ailleurs qui ne faisait point de reproduction grava du Millet; c'était de sa part indiquer un de ses enthousiasmes.

Mais la campagne le ramène vite à cette idée de la ville, au *Bain de flamme* dont il a pris l'habitude chère et tenace, où sa causticité et son romantisme se mettent d'accord, pour lui figurer, au passage de quelque vieille décharnée et vêtue d'un costume trop riche, que c'est la mort en robe de mascarade qui vient de passer devant lui! Romantisme, qui nous donne cette précieuse Mort au Bal masqué, si de son temps, si commentaire du poème des Fleurs du Mal

O charme d'un néant follement attifé!

C'est là qu'il retrouve les figures ravinées de ces proxénètes qu'il incline à l'oreille des jolies filles, y trouvant le double intérêt de satiriser avec justesse et de relever la jolie mollesse, les lignes heureuses et pleines, la belle architecture d'un beau nu par le contraste de la forme vieillotte, parcheminée, grotesque de la *Messagère du diable.* C'est à la ville qu'il retrouve tous ces jolis modèles qu'il dessine à l'heure du déshabillage, pesant leurs seins égaux de leurs mains fines, avec tendresse, et les baignant de toute l'admiration attendrie de leur regard. Son besoin de transcription lyrique lui donnera, de ces éléments de Paris, de la grande ville, des scènes amusantes et neuves, images frappantes comme des poèmes, telle cette *Foire aux Amours* qui semble en quelque vallée lointaine où passeront les Tziganes, la mise à l'encan d'une belle fille et des passions qu'elle peut susciter, par une vieille qui connaît les philtres sûrs; et dans les jolis détails de cette composition, la gaieté des amours en cage, la joliesse de celui qui grimpe aux barreaux, l'amusant détail du papillon juché sur la tortue, tout le caprice heureux de la scène précise, que chez Rops la grâce du XVIII^e siècle existe et qu'il sait la trouver quand il le veut, en la relevant d'une pointe de romantisme qui en renouvelle la saveur.

La note d'esprit un peu rapin ne fait pas défaut chez Rops, dans des dessins où s'évoque un peu, parfois, le souvenir de Stevens ou celui

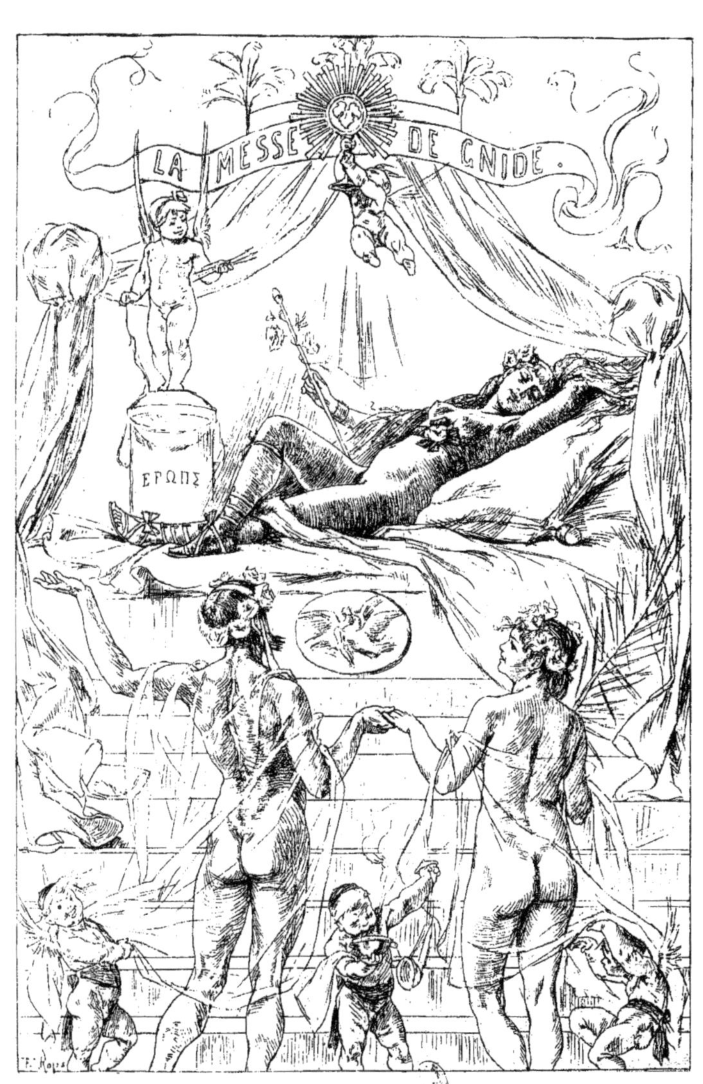


LA MESSE DE GNIDE · DIE MESSE ZU GNIDE · THE MASS AT GNIDE

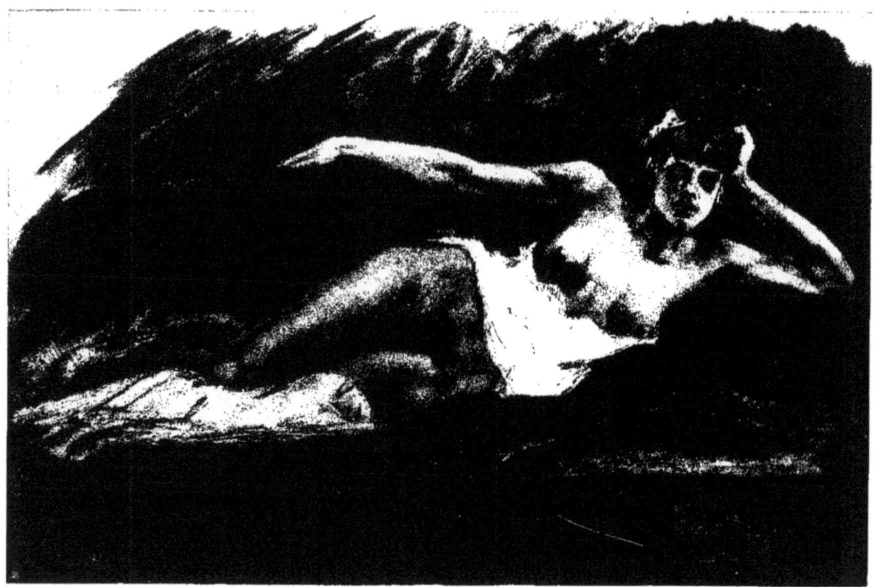

LASSATA MÜDE TIRED

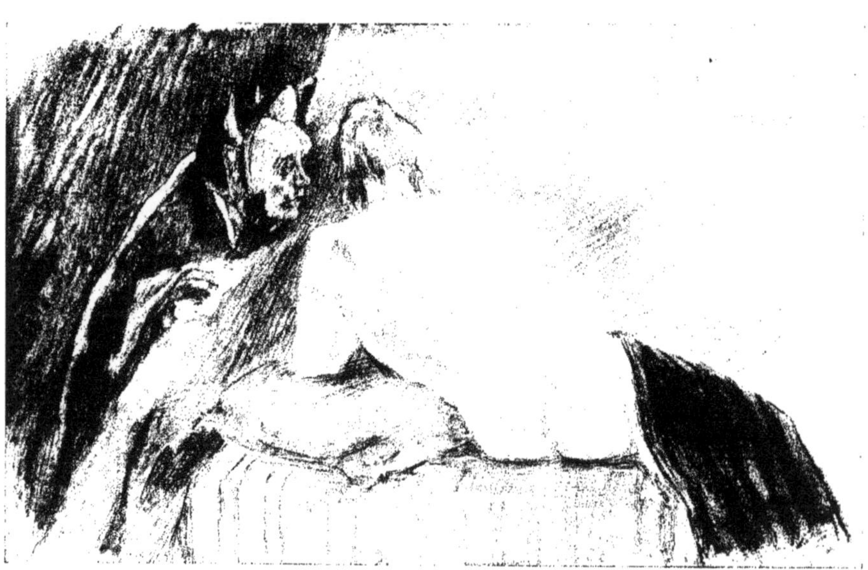

LA MESSAGÈRE DU DIABLE DIE ABGESANDTE DES TEUFELS THE DEVIL'S MESSENGER

de Manet, dessins où la vie moderne s'accuse en ses plaisantes tristesses, en ses gênes tragi-comiques. C'est l'arrivée de l'huissier dans un intérieur élégant, c'est toute la tristesse de la fête dans cette estampe fameuse, le *Gandin ivre.* Ici, sans diablerie, Rops indique bien son thème souvent repris que l'homme est le pantin de la femme, et si l'on veut, la femme le pantin du diable, mais en considérant que le diable est en toutes choses mauvaises et violentes, ainsi que les dieux grecs qui se trouvaient dans tout ce qui était utile et bon; c'est l'idée Tolstoïenne de voir le diable présent dans tout ce qui déchaîne les fureurs humaines; Rops et ses contemporains pouvaient fort bien les discerner dans l'acool et dans l'emprise féminine. Le *Gandin ivre* a autour de lui, tout ce qui peut hâter son dépérissement, tous les fantômes que peut créer le démon de la perversité; la femme appuie contre ses vacillements tous les appâts de sa chair offerte: le noir épais de ses cheveux, les yeux charbonnés, le décolletage violent, la calinerie du regard sont des armes trop fortes pour qu'y résiste l'ivresse du jeune homme; la curiosité des gens du bar se penche vers lui, du comptoir, attentionnée et amusée, prête à profiter de son ivresse. Il ne sera point difficile de fouetter en lui le faune que fait somnoler la vapeur de l'alcool. Il est l'esclave de ces promeneuses que Rops comme Manet épiait aux couloirs des Folies-Bergère pour saisir sous le machinal professionnel de leurs gestes quelque allure vive et personnelle, aussi de celles que Rops grandit jusqu'au drame dans les lueurs pâles du catafalque, droites et terribles les pieds sur le cercueil de la victime de leur vengeance, exercée contre qui? contre un homme, ou contre les hommes! rançon qu'elles tirèrent d'un membre d'une société qui leur fut dure.

Ces filles de Rops, quand il ne se restreint pas au type de la pauvre buveuse, machine d'amour, lasse et surchargée, ont le masque singulièrement volontaire et énergique. A les revoir passer au cinématographe d'un carton d'estampes rapidement revu, elles dégagent un autre intérêt. Regardez dans l'*Attrapade*, un miroir fidèle des modes d'antan; c'est toute l'évocation de la vie extérieure du second empire qui s'imprime sur le chapeau de la spectatrice indifférente, ce chapeau campé coquettement sur le devant de la tête. L'œuvre d'un artiste qui a bien vu la vie de son temps, garde toujours son vif intérêt documentaire. Qui sait, si un jour, après avoir si longtemps admiré les grandes compositions où Rops délimite ses poèmes, on ne s'inclinera pas avec un grand intérêt vers les planches qui nous transcrivent avec minutie, l'heure de son temps; ce n'est pas ce qu'il y aura mis intentionnellement qu'on y cherchera avec la plus de volonté, mais le corollaire même de sa pensée, la mise en œuvre, ce qu'il aura pris à son temps pour servir de véhicule à son idée.

Ainsi, mis à part les feuillets du début, les écoles buissonnières qui se formulent par quelques caricatures, par l'illustration de Til Ulenspiegel, quelques dessins politiques, le contraste fourni par quelques beaux portraits de Zélandaises, tracés aux périodes de vacances, l'art de Rops est consacré à dire le poème de la mélancolique débauche des grandes villes. Il l'a fait, non en peintre, avec un nombre d'œuvres restreint, mais par l'essaim multiple d'eaux-fortes, par ses procédés de graveur, qui rendent l'œuvre bien plus facile à répandre. Sa volonté l'a placé dans cette chaîne d'esprits modernes, pour qui l'art plastique est une manière de littérature plus précise. Ainsi il a atteint la description complète des sens de ceux dont Daumier avait décrit la mentalité, par ses puissants moyens de caractériste, dont Guys avait décrit l'ambiance inquiète dans les grandes avenues des villes, où court l'Homme des Foules de Poe, dont Baudelaire avait interprété le désespoir et l'inassouvissement dans ces Epaves à qui Rops offrit ce merveilleux frontispice où le squelette s'épanouit en sombres buissons de fleurs, sur lesquels planent des *amours* lugubres.

Au bout de ce grand labeur quelle est la place de Rops dans l'art contemporain?

Par l'heureux accord en sa seule personne d'un lyrique doué de la perception rapide des images et capable de synthèse, d'un humoriste alerte aux gaietés légères et amères tour à tour, et d'un praticien de premier ordre, il a renouvelé tout l'art de l'eau-forte; avant lui l'eau-forte servait surtout à des reproductions, il l'a affectée à des créations.

Il continue les grands imagiers du temps romantique, les peintres

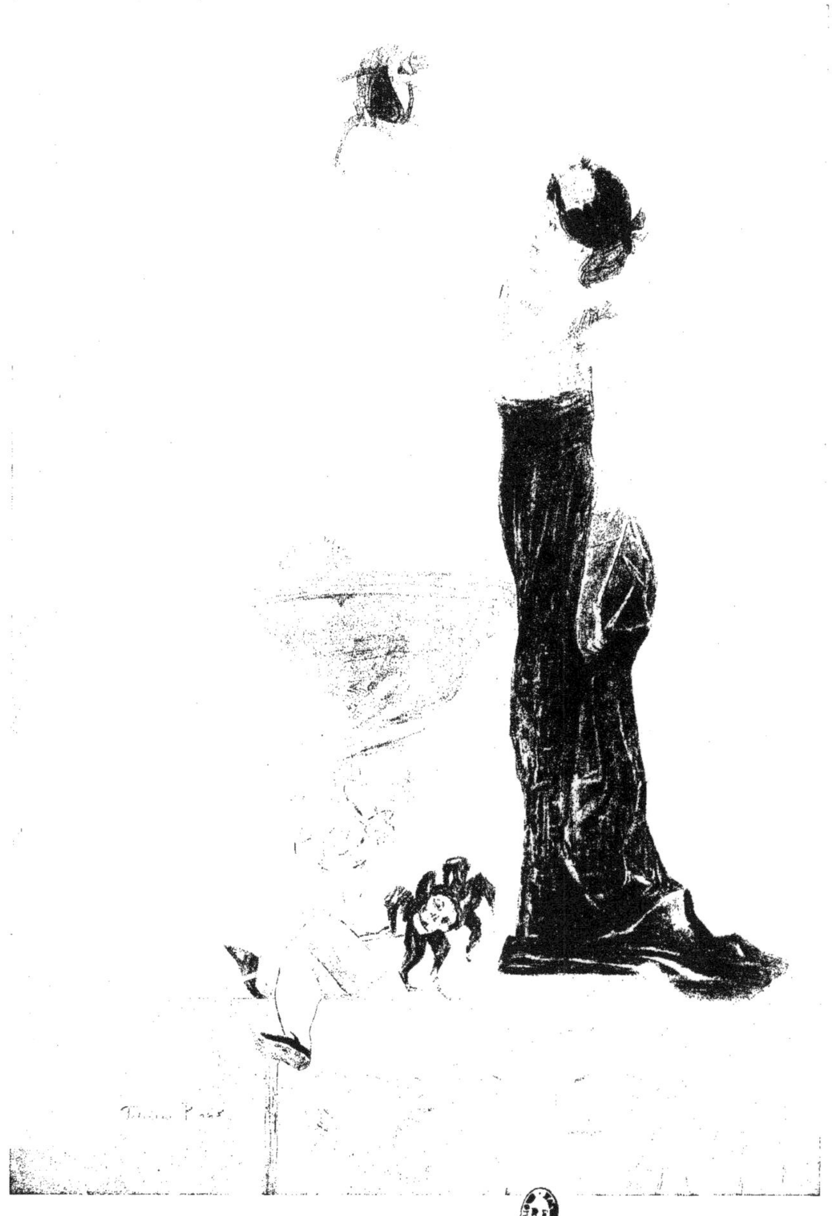

LA DAME AU PANTIN DIE FRAU MIT DEM HAMPELMANN WOMAN WITH THE DANCING-JACK

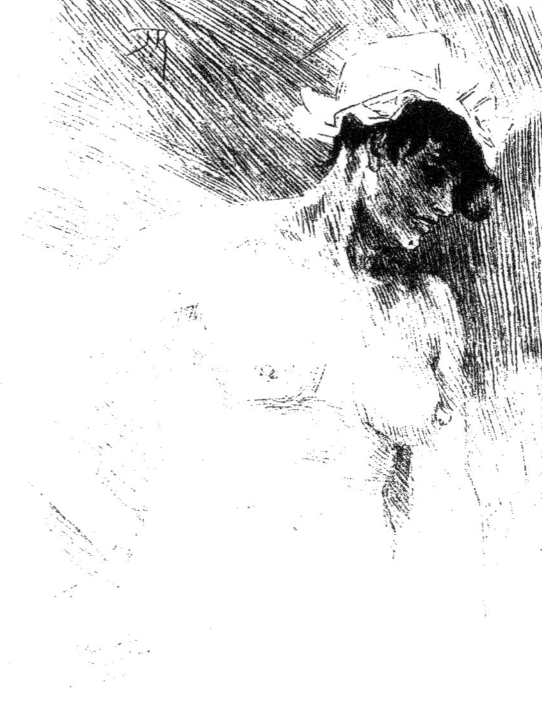

PEUPLE VOLK PEOPLE

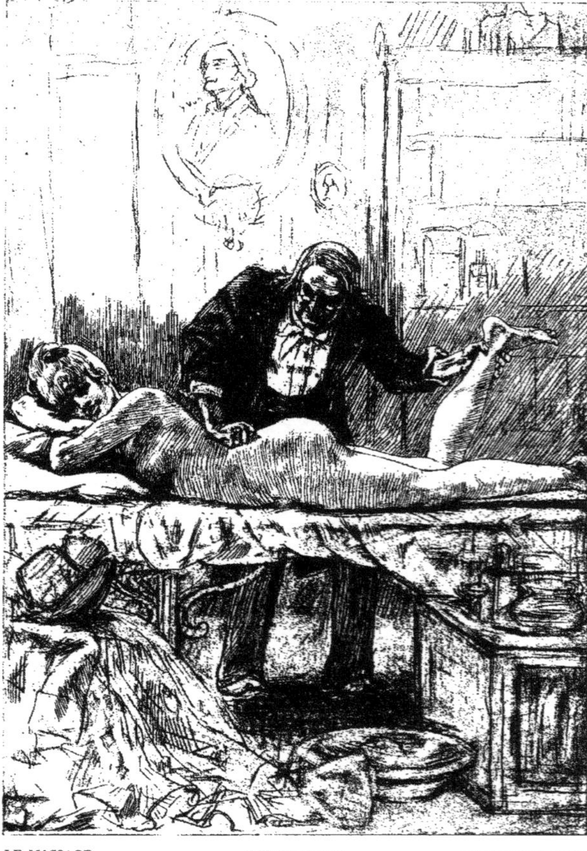

LE MASSAGE DIE MASSAGE THE SHAMPOOING

avant lui ont pénétré dans la vie et les rapports de l'homme et de la femme avec âpreté, mais sans faire intervenir l'imagination. Rops, pour construire ses scènes, utilise le pittoresque vrai, le modèle vrai, travaille d'après nature, pour délimiter le corps dont il fera le centre de sa composition, mais ces notes prises, il est poète avec les moyens du dessin, de l'art plastique.

C'est un artiste littéraire, et le plus puissant et le plus propre à combattre le préjugé qui exclurait la littérature de l'art plastique et réduirait la peinture au morceau. Il est la preuve nombreuse et irréfutable qu'on peut en art plastique exprimer des idées ténues, subtiles, par le dessin, soit en juxtaposant plusieurs personnages dans une scène, soit en faisant exprimer à une forme, à une figure, toute la gamme de sentiments qu'on y veut mettre.

Son influence a été considérable.

Sans insister sur ce qu'il a apporté au métier de graveur, à la technique de son art, il lui faut rapporter l'honneur d'avoir guidé le mouvement de vigoureux artistes vers la vie moderne. A ceux qui ne se sont point mis à l'école de son style, il a donné le conseil affirmé maintes fois par Nanteuil, les Johannot, mais en les dépassant; et il touche victorieusement à l'art de Gavarni et de Daumier. Daumier seul lui demeurerait peut-être supérieur, s'il ne fallait pas surtout les déclarer différents; Daumier, plus humoriste que Rops, n'a jamais abordé les régions d'élégance ou de drame où Rops a régné.

Il enrichit la vision de la vie des planches de son audace, et l'on sent bien que parmi tant de beaux dessins qui de nos jours suivent du plus près le drame et la comédie de notre vie parisienne, le souvenir de Félicien Rops et de sa pointe libre et hardie n'a point cessé de planer.

Il est une preuve à ajouter à celles que fournit l'histoire de l'art, que l'influence et la gloire durable appartiennent à ceux qui ont apporté une formule nouvelle; il le savait, lui qui écrivait: «J'ai toujours cru, que dans tous les arts *une formule nouvelle,* même inférieure aux anciennes était préférable à celles-ci, comme un sarrau neuf, mal coupé quelquefois, vaut mieux qu'une guenille dorée, superbe, usée et trouée dans laquelle ont vécu six générations de Rois.» «Je crois que les arts n'ont de vie, comme les religions, que par d'incessants avatars. Je crois que les *Jeunes* sont les plus expérimentés, étant, en réalité, les plus anciens, par la raison simple que les gens qui composent n'importe quoi en 1886, sont plus vieux dans l'histoire des âges, que ceux qui faisaient la même chose en 1840. Le mépris de vieillards qui n'ont pas su se transformer et suivre l'évolution, me paraît donc le commencement de toute sagesse et leur disparition: *un bien* — voilà pourquoi, si j'en avais le pouvoir, je conduirais, impavide et souriant, les Instituts entiers aux abattoirs municipaux.»

Ce désir de nouveauté, d'art ardent et libre, Rops le souligne encore dans cette lettre adressée au bon critique Octave Uzanne, où il dit: «J'ai la haine de tiédeurs . . . il faut garder ses belles folies. – Quelques amis se mettent en route au matin; les chansons joyeuses montent dans l'air, tous ont le rire aux lèvres et la gaieté dans les yeux; à midi, on chante encore, mais la montée est rude, le soleil fait baisser les fronts, quelques voix se sont tues. Le soir venu, plus rien . . . le silence; les amis fatigués cheminent courbés; un seul chante encore et célèbre les, splendeurs du crépuscule, comme il a chanté les lumières glorieuses du midi et les fraîcheurs de l'aurore, comme il dira tantôt les douceurs des nuits bleues, ses amis haussent les épaules et les passants attardés le prennent pour un ivrogne. Je serai celui-là!»

Il fut en effet l'artiste sans cesse en quête de nouveau, en quête du plus précis, en quête d'imprévu, d'inattendu, sans cesse en recherche de perfection, qui travaille sans cesse et dont la fécondité ne fut enrayée que par l'attouchement de la maladie mortelle; et c'est là, le secret de son influence. S'il s'était contenté de la maîtrise vite obtenue, vite consacrée par l'opinion des lettrés, sanctionnée d'ailleurs par les gros prix que les amateurs mettaient à l'acquisition de ses épreuves, il n'eût obtenu ni la diversité de sa gloire ni la variété de son talent. Il lui eut été trop facile de n'utiliser qu'une seule de ses aptitudes, et peut-être même sa notoriété se fût assise plus vite, soit qu'il fût demeuré le caricaturiste amusant de la vie provinciale, ou qu'il se fût borné à inventorier les carrefours et les boudoirs de Paris, ou qu'il se

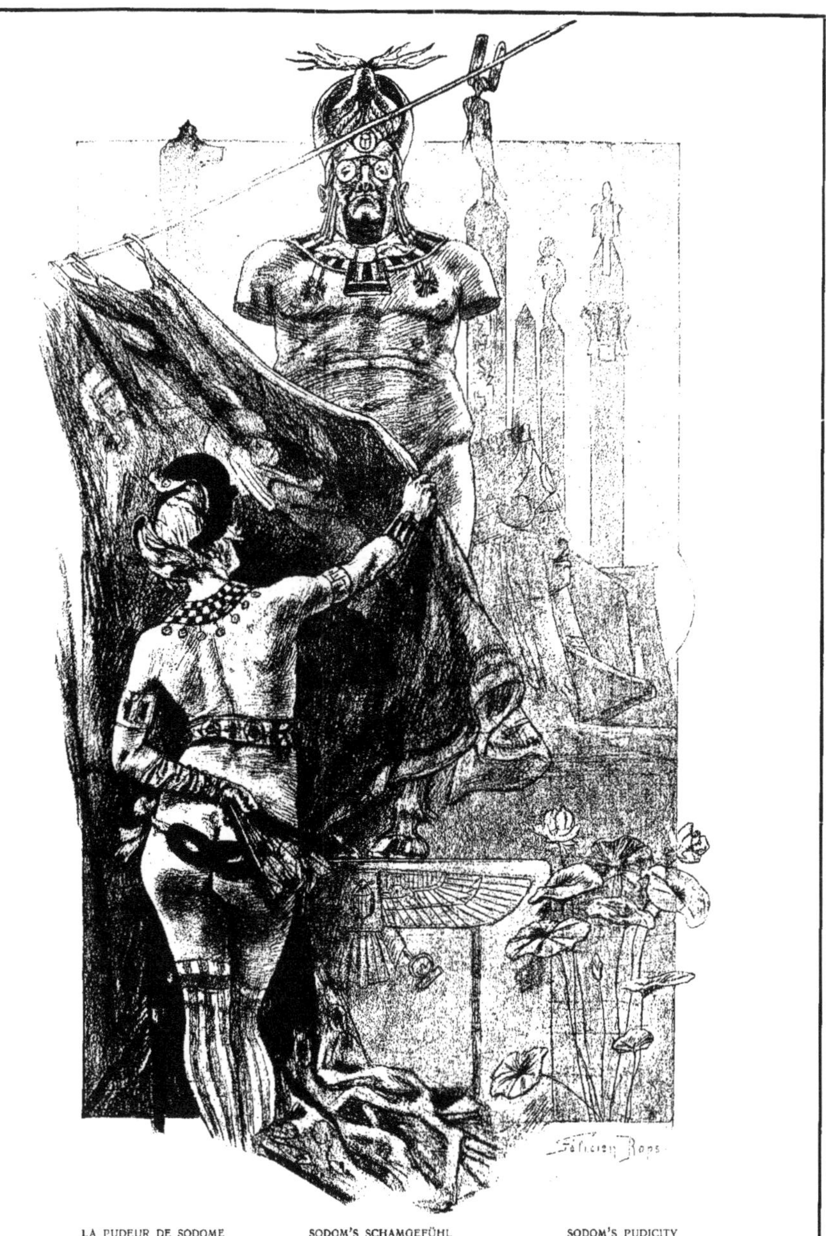


LA PUDEUR DE SODOME SODOM'S SCHAMGEFÜHL SODOM'S PUDICITY

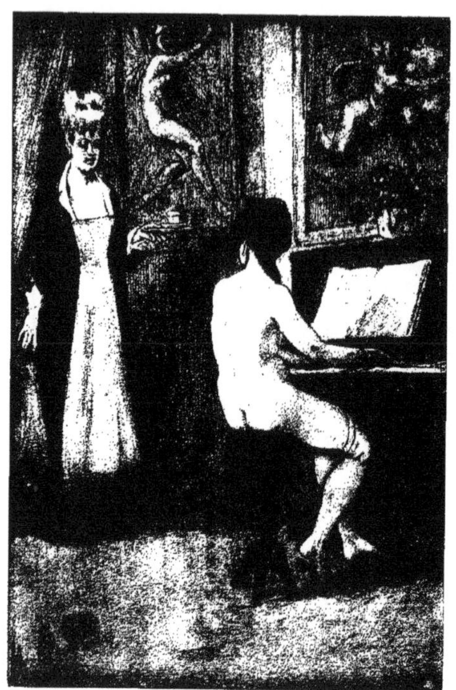

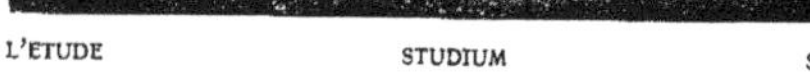

L'ETUDE STUDIUM STUDY

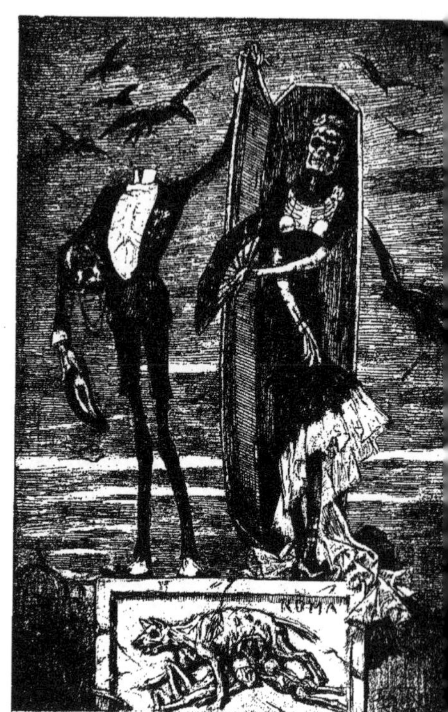


LE VICE SUPRÊME DAS GRÖSSTE LASTER THE SUPREME WICKEDNES

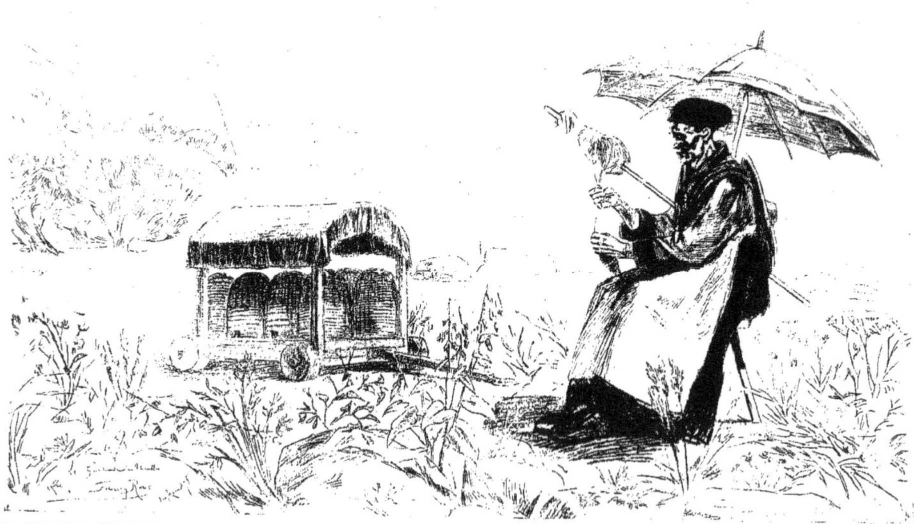

LA GARDEUSE D'ABEILLES DIE BIENEN-HÜTERIN THE BEE-KEEPER

fût spécialisé à épier les hallucinations et les cauchemars de la luxure. La spécialisation qui a ses dangers d'art, a ses avantages de vie et de fortune.

Rops ne les voulut pas. Il suivit sur toutes les routes où elle voulut le mener, son imagination, une imagination qui chez lui n'était point la folle du logis ou de l'atelier, mais la raison même de l'artiste, puisque sans cesse elle le faisait s'asseoir devant de nouveaux travaux. L'activité énorme qu'il dépensa toute sa vie, fit que son effort demeura toujours jeune et que les Rops des dernières années, sans cesser d'être des Rops, offrent d'avec l'œuvre des années précédentes, des différences. Il ne se répéta point; il reprenait parfois, dans le même fond d'idées, mais toujours avec un agrément nouveau, sous l'impulsion d'une volonté inlassable de progrès et de variété.

C'est pourquoi dans l'histoire de l'art, il tiendra belle place et se classera non point parmi les petits maîtres qui ont su traduire supérieurement un coin de la vie et s'y sont limités, mais parmi les grands, ceux qui ont ambitionné de comprendre tout l'art, et pour un temps, de l'enclore tout entier.

GUSTAVE KAHN.

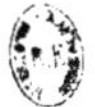

# TABLE DES MATIÈRES

# TABLE DES MATIERES



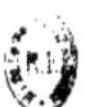

www.ingramcontent.com/pod-product-compliance
Ingram Content Group UK Ltd.
Pitfield, Milton Keynes, MK11 3LW, UK
UKHW020422180726
13839UKWH00003B/1371

9 782329 563978